Llais Cenedl

Cyfrol Deyrnged
John Roberts Williams

Golygyddion
NAN ELIS A GWENNO FFRANCON

Gwasg
Gwynedd

Argraffiad Cyntaf — Medi 2008

ISBN 0 86074 223 7

Mae'r cyhoeddwyr yn cydnabod cefnogaeth ariannol
Cyngor Llyfrau Cymru.

*Cyhoeddwyd ac argraffwyd
gan Wasg Gwynedd, Caernarfon*

Cynnwys

Rhagair

O'r diwrnod y cerddodd John Roberts Williams trwy ddrysau Gwasg Gwynedd yn Nant Peris am y tro cyntaf yn 1976 i drafod argraffu rhifyn cynta'r *Casglwr*, hyd at ei ymweliad olaf â'r wasg yng Nghaernarfon yn Rhagfyr 2003 i holi 'Be sgynnoch chi at y Dolig?' (er mwyn iddo gael rhoi hwb i'r llyfrau ar *Dros fy Sbectol*), nid gormodiaith fyddai dweud i 'John Aelod' ddod ar ei sgawt i'r wasg ugeiniau o weithiau dros y blynyddoedd. Yn wir, o'r ysbyty yn ystod Hydref 2004 y daeth y cais olaf un ganddo – trwy Alun Rhys – cais am i'r gyfrol olaf o'i sgyrsiau radio gael ei chyhoeddi. Daeth *Ffarwél i'r Sbectol* o'r wasg y mis Gorffennaf canlynol, a thua'r adeg honno hefyd, yn fuan wedi'r cyfarfod coffa iddo ym Mhencaenewydd, y gwyntyllwyd gyntaf y syniad o lunio'r gyfrol deyrnged hon iddo.

Mae gennym le mawr i ddiolch i lawer iawn o bobol – yn aelodau o'i deulu, ffrindiau, cyd-weithwyr ac edmygwyr, heb sôn am amryfal sefydliadau a gweisg a chyfnodolion – am eu cyfraniadau, eu cefnogaeth a'u cymorth di-ben-draw dros gyfnod hir y paratoi. Gobeithio y cawn faddeuant y gweddill os enwn ni bedwar yn unig o'u plith y buasai'r gyfrol hon wedi bod yn llawer iawn tlotach heb eu gwaith diflino a'u hamynedd diarhebol, sef Dyfed Evans, Meredydd Evans, Robin Griffith a Robin Vaughan Williams. Dyma bedwar a dreuliodd oriau, yn llythrennol, yn cadarnhau ffeithiau inni ac yn tyrchu am luniau ac ati!

Ein nod wrth lunio'r gyfrol oedd casglu a chywain – trwy gyfrwng teyrngedau ac anecdotau – atgofion cyd-weithwyr, cyfeillion a theulu am y gŵr hwn a edmygid gan gynifer.

Ond fel llinyn arian trwy'r cyfan clywir llais unigryw John Roberts Williams ei hun ar ffurf darnau o'i waith, yn erthyglau, sgyrsiau a barddoniaeth. Wrth ddethol darnau o'i waith ysgrifenedig, bu'n rhaid inni ambell dro adael allan rannau o erthyglau a sgyrsiau, ond trwy'r gyfrol fe nodwyd gennym ffynhonnell wreiddiol pob darn a ddyfynnwyd.

Gobeithio y cewch chi gymaint o bleser wrth ddarllen y gyfrol ag a gawsom ni wrth gasglu'r defnyddiau ynghyd.

NAN ELIS A GWENNO FFRANCON

Diolch

Dymuna Gwasg Gwynedd ddiolch i'r canlynol am gael atgynhyrchu dogfennau, erthyglau, lluniau neu ddefnyddiau eraill:

Archif Genedlaethol Sgrin a Sain Cymru
BBC Cymru
Cyhoeddiadau Mei
Mari Ellis
Dyfed Evans
Robin Griffith
Gwasg Dwyfor
Gwasg Gomer
Llyfrgell Genedlaethol Cymru
Prifysgol Bangor
Yr Angor
Y Casglwr
Y Cymro
Y Ffynnon
Yr Herald Cymraeg

Diolch hefyd i'r ffotograffwyr y gwelir eu henwau gerllaw eu lluniau, ac yn arbennig i'r cyfranwyr a fenthyciodd luniau gwerthfawr inni o'u casgliadau personol.

EIFIONYDD

Agoriad Llygad

Yr oeddwn i'n llawer rhy ifanc ar y pryd i gofio un dim am yr achlysur, ond yn ddiweddarach fe gefais fy sicrhau i mi gael fy ngeni yn Nhyddyn Bach, Pencaenewydd, ym mhlwyf Llangybi yn Eifionydd ar y pedwerydd ar hugain o Fawrth, 1914. Yn ôl *Almanac Caergybi* am y flwyddyn honno roedd hi'n ddydd Mawrth ac yn ddydd dathlu darganfod New Zealand 1642. Am y dydd Mercher a'r dydd Iau mae proffwydoliaeth nad oedd, gobeithio, yn cyfeirio at fy nyfodiad i i'r byd, sef:

> Gwynt mae'n debyg
> Am ychydig.

Dim nodyn yn llawysgrif fy nhaid ar gyfer fy nydd mawr i er bod dau gofnod pwysicach ar gyfer y mis Mawrth hwnnw. Ar y pymthegfed – a hynny ar y Sul – ceir 'Baedd i'r hwch fwya', ac ar gyfer dydd Iau y pedwerydd ar bymtheg, o flaen 'g. Dr. Livingstone 1813', ceir 'Baedd i'r hwch bach'.

Mae'r hen almanaciau sy'n ymestyn o 1894 i 1937 yn dal yn fy meddiant. Fe'u cedwid ar silff ger y bwrdd bwyd ynghyd â'r Beibl a'r Testament Newydd, a fy nain wedi eu gwnïo yn ei gilydd yn un gyfrol fawr, a'r unig gofnodion yn y cyfan yw manylion am brofiadau rhywiol hychod, buchod a chesig.

Ar dyddyn deg acer a thrigain fy nhaid a fy nain y deuais i i'r byd. Yr oedd fy nhad a fy mam wedi priodi cyn y Rhyfel Cyntaf ac yn dal i chwilio am ffarm i'w rhentu. O ganlyniad roedd fy mam yn parhau yn yr hen gartref, Tyddyn Bach, a fy nhad yn galw bob pen wythnos o'i hen gartref, Tyddyn Mawr, ym mhen draw Cwm Pennant.

Fûm i erioed yn achyddwr, ond trwy bobl eraill mi ddeuthum i ddeall fod arwyddocâd arbennig yn enw canol fy nhad, John Vaughan Williams. Roedd ef ei hun wedi dweud wrthyf ein bod o'r un teulu â'r awdures Gwyneth Vaughan – er mai enw gwneud oedd hwnnw. Annie Harriet Hughes oedd hi, a mam i Arthur Hughes a gyhoeddodd gyfrol o *Gywyddau Cymru*. Ac yr oedd yna berthynas arall iddi, sef Guy Hughes, tynnwr lluniau â'i bencadlys gyferbyn â Swyddfa'r Post ym Mhwllheli. Rwy'n ei gofio – gŵr tal a fyddai bob amser ar gefn beic ac yn gwisgo sanau gwlân hyd ei bengliniau ac yn gwneud fawr ddim efo neb. Un arall o'r teulu yw Irma Hughes de Jones o Batagonia.

Ond roedd y teulu yma hefyd yn ymestyn hyd at Fychaniaid Nannau ym Meirionnydd, a chan i'r rheiny ymbriodi â holl fân fyddigions Ardudwy ac Eifionydd a hyd at Feillionydd yn Llŷn, gan gysylltu â Chynfal a Chlenennau John Owen, ac ymlaen yn y diwedd hyd at Ormesby-Gore, Arglwydd Harlech – mae'n rhaid fod gen i beth mwdrel o berthnasau.

O ochr fy mam, medraf ychwanegu mwy fyth o gysylltiad ag Eifionydd. Yr oedd fy hen, hen daid yn dyddynnwr yng Ngheidio yn Llŷn ac wedi crwydro'r byd fel 'bosun' ar longau bach Portin-llaen, a fy hen daid, Robert Roberts, Llwyndwyfog, Chwilog – yr un enw â fy nhaid – wedi priodi Elin o deulu Isallt Fawr yng Nghwm Pennant pan oedd hi'n forwyn yn y Ring (a oedd yn dafarn ger y Lôn Goed cyn newid yr enw i Dolydd), a golygai hynny fy mod yn perthyn o bell i lond gwlad o feddygon, gan gynnwys Owen Elias Owen, sydd wedi ymddeol bellach; Dafydd y Garreg Wen, a'r rhan fwyaf o hen deuluoedd Eifionydd fe ymddengys.

Deuai fy nain o ochr fy mam o Nanmor – ac mae aelodau o'r teulu yn dal i ffarmio ei hen gartref, Hafod y Llyn Isaf, ac roedd Griffith Parry a fu'n gofalu am Lyfrfa'r Hen Gorff yng Nghaernarfon ac yn ysgrifennu rhyddiaith rywiog, yn gefnder i fy mam.

Ar derfyn y rhyfel llwyddodd fy nhad a fy mam i rentu ffarm Tyddyn Cethin yng nghornel gorsiog bellaf hen blwyf Llangybi – chwech ugain o aceri llwm – am ugain punt y flwyddyn. Y perchennog oedd Bertie Howells, Plasty Cymerau, Pwllheli – ond cyfeirid ato yn y dref fel Hertie Bowells. Aeth fy mrawd Bob – (Robert Vaughan) oedd ddwyflwydd yn iau na mi – yno gyda fy nhad a fy mam, gan fy ngadael i gyda fy nhaid a fy nain a fy ewythr Wil.

Ar derfyn Tyddyn Cethin mae Mynachdy Bach lle treuliodd Robert ap Gwilym Ddu ei hirion, hwyrion oriau digysur, fel y dengys ei englyn:

> Ni allaf fyw yn holliach – un orig
> Rhwng muriau'r hen fynach;
> A wnaeth Iôn le gwrthunach?
> Och! di byth Fynachdy Bach.

Gyda fy nhaid a fy nain y treuliais grynswth dyddiau fy mhlentyndod a'r rheswm tros hynny oedd iddynt, ddau fis cyn fy ngeni i, golli eu mab John Roberts o'r diptheria. Ar ei ôl ef y cefais i fy ngalw'n John Roberts Williams. Ar fedd y bachgen dwy ar bymtheg oed ym mynwent Capel Helyg mae'r englyn hwn:

> Yn y llwch hwn y llechaf – i aros
> Hyd oriau'r farn olaf;
> Geilw'r Iôr, o'm gwely yr af,
> Yn y bedd mwy ni byddaf.

Hyd ei diwedd fe hiraethodd fy nain amdano gan lifeirio ei chariad trosof fi – ond heb fy nifetha chwaith. Hyd fy medd mi gofiaf innau am nain.

Ac er nad oeddwn ond prin bedair blwydd a hanner pan ddaeth y Rhyfel Mawr i ben mae ambell frithgo o'r cyfnod hwnnw'n aros o hyd. Yr oedd ffarm fy nhaid o fewn rhyw chwarter milltir i blasty Glasfryn a dyna gartref Rupert Williams-Ellis, y landlord. Yr oedd yn frawd i Clough Williams-Ellis, ac yn ei gyfrol *Architect Errant* mae hwnnw'n disgrifio ei fachgendod yn y plas – gan gamsillafu bron bob gair Cymraeg y mae'n ei ddyfynnu.

Ar derfyn fy hen gartref mae llu o goedwigoedd a blannodd teulu'r plas, a thu draw i un o'r rhain mae gweirglodd gysgodol lle'r oeddwn i'n bur sicr fod yno dylwyth teg. Welais i'r un erioed ond mi wyddwn sut bethau oeddan nhw am i mi weld eu lluniau mewn hen gyfrolau o *Cymru'r Plant* – rhyw ddynion bach tew yn gwisgo cap wedi ei weu a hwnnw'n rhy fawr, a thoslun yn crogi o'i gorun – hwnnw hefyd yn rhy fawr; ac mae'n amlwg fod tad Clough Williams-Ellis yn ystyried y weirglodd yn rhamant o le – er iddi droi'n siomedigaeth fawr i Clough. Yr oedd ei dad wedi addo ac addo mynd ag ef i'r *Gorse Market* – a dyma fynd o'r diwedd. A ble'r oedd y *Gorse Market* ond y weirglodd hud ac yntau heb fedru amgyffred ei henw – Gors Marchog.

Yn ystod y rhyfel fe dorrwyd y rhan helaethaf o'r coed ac roedd tracshion stêm yn eu cario oddi yno i rywle. Mae gennyf gof bach am y tracshion hwnnw a chof clir iawn am y rhychau dyfnion a dorrodd ei olwynion yn y tri chwarter milltir o ffordd a arweiniai at y plas – y *drive*.

A chof arall oedd i mi, am y tro cyntaf yn fy mywyd, weld merch mewn trywsus dyn yn gweithio yn y coed.

Flynyddoedd yn ddiweddarach, pan oeddwn i'n glap o hogyn, roedd y rhan a gliriwyd o'r winllan wedi tyfu'n wyllt – yn llawn drain a mieri, yr hyn a alwem ni yn frwgaitsh. Fin nos yn yr hydref sych, dyma fy nhaid yn galw arna i:

'Yli,' meddai o, 'paid ti ar boen dy fywyd â deud wrth dy nain, ond mi awn ni i roi matsien yn y winllan.'

A dyna fynd, a dyna wneud hynny a dyma ei thinio hi nerth ein carnau am adref. Erbyn hynny mi fyddai yna ufflon o dân yn clecian trwy'r winllan. Fy nain yn rhuthro allan i holi o ble'r oedd yr holl aroglau mwg yn dod, a nhaid yn diniwed ateb:

'O'r winllan.'

Doedd yno ddim difrod o bwys mewn gwirionedd ond yr oedd yno lot o dân, a fy nhaid yn lecio tân, a'r tanio, o bosib, yn help iddo yntau ollwng tipyn o stêm, achos roedd ganddo ragfarnau cryfion iawn yn erbyn landlordiaid – a'r un mor gryf yn erbyn Saeson ac Undebau Llafur.

Un arall o'i orhoffterau oedd mynd â mi derfyn haf, pan fyddai'r dŵr yn isel, i galchio'r afon. Ar gwr un o'r corsydd yr oedd yna afon fechan – tarddell Afon Erch mewn gwirionedd – yn llifo gydag ochr pwt o winllan, gyda'i ffrwd redegog yn datblygu'n byllau llonydd gweddol ddyfn.

Fy nhaid yn tynnu'r bagiad o galch poeth oddi ar ei ysgwydd a'i ddowcio yn y dŵr cyflym a'r calch yn treiddio hyd y pyllau gan godi pob pysgodyn oedd yno i'r wyneb. Minnau efo pwt o rwyd yn codi'r brithyll i'r bwced. Anystyriol, anghyfreithlon, ond hynod effeithiol.

A phan ddigwyddai i un o geiliogod ffesant y plas fod mor rhyfygus â thresbasu ar diriogaeth fy nhaid byddai'n dod i ben ei daith ym mhopty fy nain. Unwaith bu ganddo filgi hefyd a hwnnw'n medru ymlid aml i ysgyfarnog i'r sosban.

Ond, i ddychwelyd at y rhyfel – yr oedd gan fy nhaid ragfarn gref iawn yn erbyn hwnnw hefyd – mi fedra i ryw how gofio tri pheth arall.

Cofio gweld fy ewythr Ellis, brawd fy nhad, yn ymweld â ni mewn gwisg gaci – y soldiwr cyntaf i mi ei weld yn fy mywyd.

Cofio gweld llong awyr am y tro cyntaf – a llong awyr fyddai pawb yn ei ddweud yn Eifionydd cyn i neb orfod creu'r gair awyren. Cynhaeaf oedd hi a fy ewythr Wil a fy nhaid yn cario gwair ar gae Bryn-llyn. Mae'r cae yma'n rhedeg yn serth i gyrion Llyn Glasfryn, cryn glamp o lyn a dwy ynys fach a dau alarch arno, rhyw chwarter milltir o'r plas. A ger y llyn mae ffynnon a mur crwn wedi ei godi o'i chwmpas a helygen uwchben y ffynnon. Ffynnon Grasi yw'r enw, ac yn ôl y chwedl, hen wraig neu hen wrach o'r enw Grasi oedd piau hi. Wedi codi'r dŵr ohoni gofalai osod y caead yn ôl ar wyneb y ffynnon rhag iddi orlifo'r tir oddi amgylch, ond rhyw ddydd fe anghofiodd, ac fe foddwyd y tir islaw gan greu'r llyn.

Ac am farjarîn mae fy atgof arall. Mi fyddai fy nain yn dweud y drefn na fu'r fath beth am fod yna bobl yn prynu rhywbeth ofnadwy o'r enw marjarîn yn lle menyn ffarm. Wyddwn i ar wyneb daear beth oedd y stwff yma, a chyda dychymyg plentyn yr oeddwn wedi creu darlun ohono yn y meddwl – rhywbeth hynod debyg i india roc ond ei fod yn wyn a rhyw resi coch yn rhedeg ar draws ei ochrau. Soniwch am farjarîn wrthyf heddiw ac mi ddaw'r darlun yn ôl – a phrynais i rioed owns ohono fo.

John Roberts Williams, *Yr eiddoch yn gywir*
(Cyhoeddiadau Mei, 1990)

Ei Gladdu yn ei Dir ei Hun

Yr Olygfa Ddwys wrth y Ddwyfor

gan John Aelod Jones

Yn ei wlad ei hun, yn ei ddaear ei hun, yn ei bentref ei hun y rhoddwyd David Lloyd George, Iarll cyntaf Dwyfor, yn y gro; yn ei iaith ei hun yr oedd y gwasanaeth; ei werin ei hun a ddaeth yno i dalu'r gymwynas olaf iddo ef a dalodd y fath gymwynas iddynt hwy.

Darfu'r dewin fel y dechreuodd – yn Llanystumdwy gyda'i bobl ei hun. Nid oedd y mawrion o Lundain yno, na'r gwladweinwyr na'r arweinwyr a arweiniodd, na phen-aethiaid gwleidyddol nac undebol gweithwyr Prydain Fawr.

Ond yr oedd Cymry yno – wrth eu miloedd. Pum mil meddai'r gwyliadwrus; deng mil meddai'r anturus. Nid oedd ddichon amcangyfrif maint y dorf wasgarog Gymreig hon a lanwai Lanystumdwy.

Yr oedd miloedd, yn sicr, yno – a ddaeth yn eofn yn eu moduron, a lanwai ddegau o fwsus arbennig o bob cwr o'r sir, a safai yn y trenau o bell ffordd, a brysurai ar gannoedd o feisiclau hyd ffyrdd Eifionydd, a gerddai o Bwllheli ac o Lŷn.

Parhâi'r dewin yn gryfach yn ei arch nag yw'r un o'i gydwladwyr yn ei fywyd.

Dydd Gwener y Groglith; y clychau'n gwahodd tua'r llannau i gofio'r fuddugoliaeth ar angau a'r bedd; y drain gwynion yn eu dail, y drain yn eu blodau hyd y lonydd bach; y dŵr yn gloywi yn afon Dwyfor wedi'r lli ac yn

17

cymell pob pysgotwr allan gyda'i blu; trymru ofnadwy rhyfel yn codi i'r uchafbwynt olaf.

Amser i fywyd – ac i anfarwoldeb.

Dechreuodd y dorf a ddaeth i'r cynhebrwng (gair da Eifionydd am angladd) ymgynnull yn gynnar i fedru bod yn agos at y bedd, sydd oddeutu deugain troedfedd serth uwchlaw lli'r afon a rhyw dri chan llath i fyny'r afon o bont dri bwa Llanystumdwy.

O amgylch y bedd mae'r coed – y deri ceimion Cymreig yn gylch o'i gwmpas, ac yna'r ffawydd a'r llwyfain tal. Rhwng coed un o'r llwyfain hyn yr huna'r llanc a chwaraeai ar y llwybr bach y torrwyd bedd ar ei ganol. Gorchuddiwyd ymylon y bedd ei hun yn llwyr â llawryf gwyrdd o Dŷ Newydd a rhoddwyd cerrig mân ar y llwybr byr o'r bedd i'r lôn sy'n arwain heibio i Dŷ Newydd gyfagos.

Chwyddai a chwyddai'r dorf. Llanwyd llechwedd y coed a gorlifai'r galarwyr i'r ffordd, gan ei llanw o Lanystumdwy hyd y llwybr at y bedd, a chan dyrru bob ochr iddi tua Tŷ Newydd.

Yr oedd hogiau'r pentref wedi dringo i ben y coed wrth eu degau. Ac ymgasglodd rhan enfawr o'r dorf ar y gwastad yr ochr arall i'r afon i edrych at i fyny, er bod y cae y safent arno newydd ei aredig. Medrodd rhai ymwasgu ymlaen i eistedd ar y dorlan.

Dyma, yn wir, y cynhebrwng mwyaf lliwgar a welodd Cymru erioed. Yn eu dilladau haf amryliw o gymysgfa o goch a gwyrdd a glas a melyn edrychai'r tyrroedd pobloedd o hirbell fel gwelyau mawr o flodau.

Ac yma ac acw, gwisgoedd y fyddin, a'r llynges, a'r llu awyr. Ynghyd o'r neilltu yng nghwr y cae âr – twr bychan o garcharorion rhyfel Eidalaidd yn eu brown yn sefyll yn unionsyth 'at attention'.

Dau yn unig o'r miloedd a ddisgwyliai a ddaeth mewn het silc.

Ar lan y bedd eisteddai gŵr wrtho'i hunan a'i ddagrau'n lli. Mr John Roberts, Cae Coch, Llanystumdwy, a gydchwaraeai â'r gŵr a ddisgwylid pan oedd yn hogyn, a gydeisteddai ag ef yn ysgol y pentref.

Syrthiodd tawelwch mawr dros y bobl. Yr oedd L.G. yn dod.

Tynnid y wagen gan Dan, hen geffyl tawel gorsaf Cricieth y gwyddai'r hen wladweinydd yn dda amdano. Yr oedd y blodau'n dryfrith o amgylch yr arch, a blodeudorch fawr yr Iarlles ar ffurf croes las a'r lilïau a'r rhos yn gwrido arni ar ben y cyfan.

Fel y cyrhaeddai'r arch gwr y coed a chwech o weithwyr Tŷ Newydd yn paratoi i gario'r meistr weddill y daith, dyma'r dorf yn dechrau canu cân na roddwyd mohoni ar y rhaglen:

> O fryniau Caersalem ceir gweled
> Holl daith yr anialwch i gyd . . .

Ac fel y nofiai'r gân dros yr afon i'r ochr draw cododd y rhai y tu draw eu lleisiau hwythau mewn cydgord. Yn sŵn y gân y cariwyd y gŵr i'w fedd. Dyblwyd, treblwyd yr hen bennill.

Ac nid tros afon Dwyfor yr edrychai'r dorf mwyach, ond tros afon ddyfnach, dduach na hon.

Aeth y teulu at y bedd gan ymwasgu allan trwy'r dyrfa.

Ac yna – y deyrnged fwyaf nodedig o'r cyfan i gyd. Pwysodd y dorf i lawr at y bedd, safasant yno, a chanasant ynghyd 'O fryniau Caersalem' unwaith yn rhagor. Dyna ffarwel Cymru i'r dewin.

'Felly Dafydd a hunodd gyd â'i dadau, ac a gladdwyd yn ninas Dafydd.'

Y Cymro, 6 Ebrill 1945

Elusendai Llangybi

[Yn 1760, adeiladwyd rhes fach o dai ger yr eglwys yn
Llangybi ar gyfer tlodion y plwyf. Fe'u codwyd trwy
weledigaeth a haelioni dau uchelwr – Charles Jones,
sgweiar Castellmarch yn Llŷn, a William Price o'r Rhiwlas.
Pan foderneiddiwyd y tai yn ystod wythdegau'r ganrif
ddiwethaf, John Roberts Williams a gafodd y fraint o'u
hailagor – ac, yn ei eiriau ef ei hun, 'mi fentrais gyfansoddi
orau medrwn englyn i ddathlu'r amgylchiad.']

Adeiladwyd i dlodion – elusen
O lysoedd y mawrion;
Sgweiar hen oes, gwerin hon
Ddaethant yn gydradd weithion.

John Roberts Williams

DYDDIAU YSGOL A CHOLEG, A'R *HERALD*

JOHN

Ioan Mai Evans

Ym mlynyddoedd caled y dauddegau y gwelais i John am y tro cyntaf – yr hogyn main, bywiog, tywyll ei bryd, a chanddo ddau lygad oedd yn dweud mwy na'i dafod.

Yn Ysgol Sir Pwllheli y bu hynny, lle roedd D. H. Williams, MA (Oxon.), yn brifathro: gŵr di-lol a disgyblwr llym oedd yn byw i'w ysgol. Muriel Price (Anti Begw yn ei chefn) oedd y brifathrawes a ofalai fod sgertiau'r genod yn hyn a hyn o'r llawr. Roedd John yn gryn ffefryn gan Miss Price, gan ei fod yn dangos cryn fedr fel ysgrifwr. Ond, er cystal y drefnyddiaeth yn yr ysgol, roedd clywed Cymraeg – ar wahân i'r gwersi – bron â bod fel clywed y gog.

Roedd yno o leiaf un llecyn golau. Roedd 'Mistar' newydd roi swydd athro Cerdd i fachgen ifanc a enillodd ar ganu'r ffidil yn Eisteddfod Genedlaethol Pwllheli 1925. Daethai W. H. J. (Bill) Jenkins yno o Brifysgol Aberystwyth fel un o efrydwyr disgleiriaf yr Athro Walford Davies. Rywbryd yn ystod perfformiadau hudolus y llanc ifanc goleubryd hwn y daeth John a minnau'n gyfeillion, wrth fynd ati ein dau i drio ffidlio!

Trefn yr ysgol oedd fod unrhyw weithgareddau gwirfoddol a oedd yn ychwanegiad at bynciau'r ysgol yn cael eu cynnal ar y Sadwrn: chwaraeon fel hoci i'r genod, pêl-droed a chriced i'r hogia, a cherddorfa i'r ffidlars. Rhoddodd John y ffidil yn y to a dilyn chwaraeon. Penderfynais innau feicio pymtheng milltir i Bwllheli bob bore Sadwrn i fod yn y gerddorfa erbyn naw o'r gloch – byddai pum munud wedi naw yn rhy hwyr, gan y byddai'r drws wedi'i gloi.

Ymhellach ymlaen wedyn, mi gofiaf Steddfod yr ysgol a John yn arwain. Eisteddwn yno'n gwrando ar yr ysgafn-galon John yn mynd trwy'i bethau, nes iddo alw toc am i 'Ap Beic' ddod ymlaen i ganu ei ffidil – a fi oedd hwnnw! Fel yr oeddwn yn tiwnio hefo'r piano, fe glywn John yn cyhoeddi mai dyma'r unig eisteddfod yn y byd oedd yn urddo pobl am ffidlan. Pawb yn chwerthin wedyn, wrth gwrs, a phetai'r arweinydd wedi bod yn rhywun arall mi fyddai wedi cael ateb gen i yn y fan a'r lle.

Byddem ein dau, am ryw reswm, wrth ein boddau efo rhai o gymeriadau diddorol y dref – Huw Mari, Huw Peiriant a Jac Ben yn ei jyrsi las tywyll. Roedd Jac yn aelod selog o Fyddin yr Iachawdwriaeth, ac yn sgotwr ar longau Miss Clark a gadwai siop bysgod yn y dre. Gyda llaw, byddem yn methu deall paham yr oedd Miss Clark, yn ôl y sôn, yn mynd i'w gwely yn ei het – roeddem wedi sylwi nad oedd hi byth yn ei newid!

Mi fyddwn braidd yn eiddigeddus pan welwn John yn mynd a dod yn ddyddiol i'r ysgol ar y Moto Coch, a minnau'n gorfod lojio yn y dref. Pan ddaeth yn amser newid o'r trowsus bach i drowsus llaes, penderfynais ei beicio hi am bedair milltir i ddal y Moto Coch am yr ysgol. Bws dybl-decar fyddai'n ein cludo yno ran amlaf. Arferwn frasgamu i'r dec uchaf yn barod am John, a fyddai wedi cerdded taith hirfaith i ddal y bws yn Loj Trallwyn. I fyny â fo yn llawn direidi, a'r ddau ohonom yn cael hwyl yn bachu brigau coed oedd rhyngom a'r nefoedd, a John yn cellweirus gyfeirio at yr Epa a'i hiliogaeth yn y fforest gynt.

Epa neu beidio, roedd gwisgo trowsus llaes yn arwydd fod dyddiau ymadael yn nesáu. Erbyn cyrraedd y pumed dosbarth roeddwn i, beth bynnag, wedi cael hen ddigon ar addysg ffurfiol ac ar ganu 'And did those feet in ancient times . . . ' bob yn ail bore. Cymerais y goes, a ffwrdd â fi i chwarel Cae'r Nant, yn gwbl groes i ddisgwyliadau fy nghyd-fforddolion. Aeth John yntau i'r brifysgol ym

Mangor. Ac felly y gwahanodd ein llwybrau – wel, dros dro o leiaf!

'JOHN BUN'

EIRWEN GWYNN

Pan gwrddais i gyntaf â John Bun (dyna ei enw i ni yn y coleg), yr oedd yn llanc tal, tenau, golygus ond digon gwael yr olwg. Ymhen blynyddoedd y cefais wybod iddo ddioddef sawl salwch blin yn ystod ei ieuenctid. Cafodd gyfnod o waeledd wedyn yn ystod dyddiau coleg. Ond doedd dim pall ar ei frwdfrydedd mewn sawl maes, a bu fyw yn hen iawn ar ôl cyflawni llwyth o waith defnyddiol – wedi ei gynnal, mae'n debyg, gan ei hoff lobsgows.

Ond pam 'Bun'? Yn ôl a ddeallaf, am mai 'Bunny' oedd ei lysenw yn yr ysgol, a hynny oherwydd ffurf ei glustiau. Ond ni welais i un dim yn anghyffredin yn ei glustiau! Beth bynnag, yr oedd yn ddigon parod i arddel yr enw.

Yn 1933 y gadawodd John Ysgol Sir Pwllheli, gan fynd ymlaen i Goleg y Brifysgol, Bangor, flwyddyn o fy mlaen i. Ni fyddwn yn ei weld yn feunyddiol yn y coleg gan fy mod i'n treulio llawer o amser yn yr adrannau Gwyddoniaeth, nad oeddynt yn rhan o brif adeiladau'r 'Coleg ar y Bryn' lle'r oedd John yn dilyn cyrsiau yn y Gymraeg a'r Saesneg. Ond cyfarfyddwn ag ef ym mhob achlysur cymdeithasol gan y myfyrwyr, a dod i gredu ei fod yn ddyn mwyn a bonheddig – ac ni chefais achos i newid fy meddwl amdano byth wedyn. Yn 1937, er gwaethaf gwaeledd, graddiodd gydag anrhydedd ac enillodd hefyd wobr Hedd Wyn am astudiaeth o'r bardd hwnnw.

Yr adeg honno roedd berw o fywyd Cymraeg yn y coleg, a byddai Neuadd Powys yn llawn bob yn ail nos Wener efo selogion Cymdeithas y Cymric. Byddai John yn cymryd rhan yn aml, ac roedd ei gyfraniadau bob amser yn llawn synnwyr cyffredin a ffraethineb. Mynychai amrywiol gyfarfodydd, gan gynnwys y *Debates Union* Saesneg a gyfarfyddai ar nos Wener bob yn ail â'r Cymric, a siaradai John yn huawdl ac yn synhwyrol yn y fan honno hefyd. Ac eto, yn ei hunangofiant hynod ddifyr, *Yr eiddoch yn gywir*, mae'n mynnu sawl gwaith nad ydoedd o natur gymdeithasol, ac yn priodoli hynny i 'fy niffyg hyder a'm gradd helaeth o swildod'. Serch hyn i gyd, fe gafodd ei ethol i Gyngor Cynrychioladol y Myfyrwyr, ac yn 1937 yn Llywydd y Myfyrwyr – un poblogaidd iawn.

Fe wyddai pawb fod John â'i fryd ar fod yn ddyn papur newydd. Yn wir, byddai'n cyfrannu at ryw bapur neu'i gilydd trwy gydol ei amser yn y coleg, gan gynnwys cylchgrawn y myfyrwyr, yr *Omnibus*. Fe geisiodd atgyfodi papur rag y Coleg a chael llwyddiant mawr efo'r rhifyn cyntaf, a werthwyd wrth y miloedd. Roedd ganddo hefyd awydd dechrau cylchgrawn arall wedi methiant *Y Ford Gron*, ond ni lwyddodd gan i'r rhyfel roi terfyn ar ei gynlluniau uchelgeisiol. Ac, wrth gwrs, fe ysgrifennai i'r *Herald Cymraeg* o dan yr enw John Aelod Jones.

Ni fyddai'n dangos ochr yn rhy amlwg ar bynciau gwleidyddol mewn ysgrif nac araith. Roedd yn bwysig iawn iddo ei fod yn ddiduedd, fel y gweddai i ddyn papur newydd. Nid oedd yn aelod o unrhyw blaid, ac eto fe ymunodd â Gwerin, mudiad newydd yn y coleg a gychwynnwyd er mwyn ceisio dod â'r Blaid Lafur a'r Blaid Genedlaethol ynghyd er lles Cymru. Teimlid fod angen mawr i'r Blaid Lafur roi mwy o sylw i Gymru, ac i'r Blaid Genedlaethol hithau fod â pholisi mwy sosialaidd. Goronwy O. Roberts oedd cadeirydd Gwerin, a Harri Gwynn yn ysgrifennydd. Cafwyd llawer o gyhoeddusrwydd yn Gymraeg a Saesneg, ac roedd John yn frwd dros y mudiad. Gwaetha'r modd, daeth y rhyfel ar ein gwarthaf, gan roi diwedd ar bob gweithgaredd adeiladol a'n gwasgaru ni, fyfyrwyr hŷn, i bob cyfeiriad.

Roedd John yn wrthwynebydd cydwybodol, er iddo fod (yn ôl ei gyfaddefiad ei hun yn ei hunangofiant) braidd yn amheus o'i benderfyniad i ddilyn y llwybr hwnnw. Roedd sawl un yn cael yr un drafferth y pryd hynny – yn credu'n gryf mewn heddychiaeth, ac eto'r un pryd yn awyddus i weld dirymu Hitler. Roedd John wedi ymuno â'r Peace Pledge Union yn y coleg ac wedi tyngu llw nad âi byth i ymladd; er ei amheuon, fe lynodd at hyn. Bu raid iddo fynd i weithio ar y tir, gwaith oedd yn gyfarwydd iawn iddo fel mab fferm – ond gan barhau i anfon adroddiadau i'r papurau newydd.

Ni Bydd Lladin . . .

Erbyn fy ail flwyddyn golegol yr oeddwn unwaith eto wedi dod tros fy hen wendid – cael fy nhraed danaf mewn awyrgylch a chymdeithas ddieithr; wedi newid llety hefyd ac yn awr yn gartrefol gyda Mr a Mrs Hughes a oedd wedi ymddeol o'u ffarm yn Sir Fôn. Gyda mi roedd Thomas Shelton Pritchard (Twm Shelt) o ochrau Pant-glas, a oedd yn astudio Economeg.

Roedd gen i broblem academig o hyd – y Lladin. Cyn y medrech fynd i'r cwrs gradd anrhydedd yn y Gymraeg yr oedd yn rhaid i chi basio'r arholiad Lladin neu Roeg, a dyma lle daeth Tom (bryd hynny) Parry i'r adwy. Penderfynodd roddi gwersi unigol i mi gyda'r nosau, ac yn y diwedd daeth popeth yn iawn.

Roedd y Lladin a'r Groeg yn fwganod mor fawr nes symbylu'r myfyrwyr am y weinidogaeth i ymgasglu ar ben grisiau'r Coleg rhwng darlithoedd i floeddio canu:

> Ni bydd Lladin yn y nefoedd,
> Ni bydd Groeg yn nhŷ fy Nhad.

Eisoes yr oeddwn wedi gwneud cwrs mewn Anglo Sacsoneg – yr Athro Wright yn glir fel grisial a'r Llyfr Gramadeg yr un mor eglur – a roddodd y cyfle i mi raddio mewn Saesneg. Ond roedd gen i erbyn hyn ffrindiau calon, yn arbennig un D. Tecwyn Lloyd, yn y dosbarth Cymraeg, a pharch hyd at addoliad at Tom Parry, Ifor Williams a Williams Parry – a dim ond darlithydd rhan amser swil oedd y bardd mawr.

Yn ychwanegol at y Gymraeg yr oedd yn rhaid i chi hefyd ddilyn dau gwrs atodol o'ch dewis. Mi fûm i'n ymlafnio efo

Llenyddiaeth Lloegr o ddyddiau Alexander Pope hyd Wordsworth, a Hanes Prydain yng nghyfnod y Rhufeiniaid. Un o atyniadau'r cwrs olaf oedd mai R. T. Jenkins oedd yn ei gynnal. Ac eto, mi orffennais fy addysg heb gael yr un wers ar Hanes Cymru yn fy mywyd.

Felly, wedi chwarter oes o addysg, fedrwn i ddweud dim mwy na 'mod i'n eithaf rhugl yn y Gymraeg a'r Saesneg ac yn anhyddysg mewn chwe iaith – Anglo Sacsoneg, Lladin, Ffrangeg, Hen Wyddeleg, Llydaweg, Cernyweg, y cyfan fwy na heb wedi llithro i dir angof.

Ar ben hyn, roedd yr iechyd wedi dadfeilio unwaith eto, a dyma Tom Parry i'r adwy unwaith yn rhagor. Credai nad oeddwn, yn un peth, yn cael digon i'w fwyta. Ac, yn wir, yr oedd cinio a the a swper yn dila tros ben o ddydd i ddydd. Pawb yn dlawd a'r cydletywyr yn cyfrannu'n gyfartal i brynu hynny y medrid ei fforddio ar gyfer y tri phryd. Ac fe fynnodd Tom Parry fy mod yn dod i'w gartref i gael cinio go iawn gydag ef a'i briod hawddgar am sbel. Duw o athro, a ffodus o fyfyriwr.

Ysywaeth, ni chefais fy mreintio ag ysbryd yr ysgolhaig, ac yr oedd gennyf ormod o ddiddordebau allanol pa'r un bynnag. Ac yr oedd yna griw o fyfyrwyr athrylithgar tros ben yn gyfeillion. Bu Tecwyn Lloyd yn ffrind agos iawn, ac yn dal felly, ac ymysg y gweddill yr oedd Harri Gwynn, Goronwy O. Roberts, G. G. Evans, Gruffudd Parry, Howard Jones, John Wyn Roberts (Nebo), Hugh John Hughes, A. O. H. Jarman ('Fred'), John Ellis Caerwyn Williams, Enid Pierce Roberts, Moses Glyn Jones, Twm Shelt, Tom Murray, a mwy na fedraf eu henwi.

John Roberts Williams, *Yr eiddoch yn gywir*
(Cyhoeddiadau Mei, 1990)

Dau Gymro – Tom Parri a Gwili.
Mai 20 1936.

Dau wr o'r Gogledd aeth i lawr i'r De
Hyd yma, un ddychwelodd i dre.

Aethant ym Mai i lawr ynghyd
Y ddau ohonynt ar newid byd –
Y llawen ei fron, y dihidio'i wedd,
Un i'r neithior,
Un, i'r bedd.

Gyda chofion rif y gwlith oddiwrth
J. Roberts Williams
(Yr hwn a gyfenwir 'Bun')
Mai 1936

'Pwt o gerdd' o waith John Roberts Williams – 'yr hwn a gyfenwir "Bun"'! – wedi'i hysgrifennu ganddo yn llyfr llofnodion Mari Ellis (Mari Headley, bryd hynny) yn 1936, pan oedd y ddau ohonynt yn gyd-fyfyrwyr ym Mangor. Wedi sylwi roedd o fod y bardd a'r llenor Gwili yn cael ei gludo i'w angladd yn ne Cymru ar yr un diwrnod yn union ag yr oedd yr ysgolhaig Thomas Parry yn mynd i lawr yno i briodi Enid Picton Davies.

Gysfennu i'r Wasg
gan John Aelod Jones

[Colofn gyntaf John Roberts Williams
fel 'John Aelod Jones' yn *Yr Herald Cymraeg*]

Gair i Gychwyn

Tybiodd llawer ohonoch, debygwn, wedi i'r hen walch athrylithgar, craff hwnnw – Daniel Owen – ymado â'r fuchedd hon, ddarfod o'n teulu ni'n gyfangwbl. Ond byw yr epil o hyd, fel y gwelwch, heb odid i gyfnewidiad yn ein treiddgarwch na phall ar ein huchelgais. Ac er mai gysfennu i'r Wasg gyda dwy 'n' yr ydym yn awr, ac nid gydag un 'n' fel y gwneid gynt yn y Dreflan, eto ni ddaeth deddf na rheol a'n rhwystro rhag galw ein hunain yn 'ni' pan fyddwn wrthi (er, drwg gennym orfod cyfaddef mai 'chdi' neu waeth na hynny y gelwir ni gan y wraig gartref).

Y Tâl – Dim!

Bu llawer tro ar fyd er y dyddiau pell hynny pan glywsoch gyntaf am ein mawredd yn nhudalennau'r *Dreflan*. Bu'r plant yn Neheudir Affrica yn lladd y Boeriaid; bu plant y rheiny drachefn yn Ffrainc yn gwneud yr un peth â'r Ellmyn, a heddiw ceir eu plant hwythau gartref yng Nghymru yn brwydro'n galed yn eu Prifysgol eu hunain yn erbyn yr O.T.C. A hyd yn hyn yr un yw gwobr y cwbl ohonynt, a'r un y tâl am yr ymdrech, sef – dim.

Ac fe newidiodd y Dreflan hithau, yn faterol ac yn ysbrydol. Fe gliriwyd yr hen 'slyms' i ffwrdd ac adeiladwyd rhai newydd yn eu lle. Daeth cyfleusterau teithio, ac i lawer aeth 'sgyrsions' rhad yn fwy poblogaidd na'u heneidiau drud. Blackpool yn fwy o gyrchfan na'r Ysgol Sul. Rhoddodd y papurau Saesneg gyda'u doethineb hollwybodol a therfynol addysg i'r bobl i anghofio'r hen iaith ac i ledu eu meddyliau cul fel y gallent goelio pob ystori. Hwythau'r lluniau llafar, gyda'u hiaith ddieithr, drwynol a ddysgodd i'r genedl sut i garu, ac a ddadlennodd holl broblemau serch yn noeth (bron) i'r byd; ac yn wir, bydd hyd yn oed ein hunain, ar ein munudau gwan, yn cymryd ein perswadio mai rhyw 'strong, silent man' ydym ninnau.

YR HWSMON A'R ARGLWYDD WELWCHFI

Ac yn yr oes oleuedig hon, pan mae'n bechgyn ifainc athrylithgar i gyd yn cael cyfle i fynd naill ai yn bregethwyr neu'n ysgolfeistri, meiddiwn ninnau ddal i gysfennu i'r Wasg, er prycled yw hynny. Fe faglwn ar draws y sillebu mae'n sicr (oni wna pawb heddiw?), a bydd gwŷr gor graff yr orgraff yn ein gyddfau'n aml, ni debygwn. Ond er eu gwaethaf, ni fynnwn sylwi wrth basio ar hyn ac ar arall, ar hwn ac ar hon, o Gyngor Plwy Llanlocsyn i Senedd Prydain Fawr, o Huws yr Hwsmon hyd at yr Arglwydd Welwchfi. Ac odid na welwn cyn tewi o'n huawdledd mai'r un yw'r natur ddynol yn y bôn heddiw ag a oedd bymtheg a deugain mlynedd yn ôl. A pha wahaniaeth hanfodol sydd rhwng Peter Pugh yn mynd â lwmp o bwdin Dolig yn slei bach i'r mochyn ar wyliau bythgofiadwy gynt, a Jones y Wern yn sleifio gyda can o 'Shell Mex' i'r Ostin Sefn y Nadolig diwethaf? Fel y canodd y bardd mor bêr (i brofi'r pwynt):

> 'Rôl prynu hwch yn y Blaene
> A mynd â hon i Fryste,
> Er maint a wêl hi yma a thraw
> Yn hwch y daw hi adre.

Y Merched Hefyd

Nid anghofiwn chwithau'r merched – chwi rai sengl sydd bron marw eisiau gŵr, a chwithau'r gwragedd priod sydd yr un mor eiddgar i gael gwared â'r gŵr sydd gennych; chwi gyda'r gwallt tonnog (naturiol, gobeithiwn) sy'n codi salwch y môr ar ŵr gynted ag y gwêl ef; yn ogystal â'r genethod rhyfedd hynny y mae natur (gobeithiwn) mor garedig â newid lliw eu gwallt ar amseroedd cyfleus ac aml, heb anghofio'r rheiny y bu Rhagluniaeth mor ffeind â rhoddi'r arian angenrheidiol i ryw lanc ifanc neu'i gilydd dalu am eu cludo o ddawns i ddawns – 'fe ddaw eich tro'n ddiogel'. Ond nid o eiddigedd nac mewn chwerwder chwaith, ond yn hytrach er cael adnabyddiaeth lawnach ohonoch.

Tragwyddoldeb o'n Blaen

Pa lesâd ymhelaethu'r tro hwn a holl dragwyddoldeb o'n blaenau, canys ni chyraeddasom destun cyntaf ein traethiad cyntaf eto ac nid yw'r holl ddoethineb ddarllenasoch ond rhagymadrodd gwachul i'r gwychder sydd ar wawrio.

I gloi, ac i hel at ei gilydd y cwbl a ddywedwyd mewn un frawddeg soniarus, dyma swm a sylwedd yr holl druth uchod:

'John Aelod Jones . . . at eich gwasanaeth.'

[John Roberts Williams], *Yr Herald Cymraeg*, 27 Ionawr 1936

Y cof cyntaf sydd gennyf am John Roberts Williams yw ei glywed yn darllen ar gyfer castio drama un-act ym Mangor, dros ddeg a thrigain o flynyddoedd yn ôl. Does gennyf ddim syniad pa ddrama oedd hi na pryd y llwyfannwyd hi ond yr oedd ynddi ddau frawd, un cas ac un clên. Oherwydd addfwynder ei lais, dewisais John i actio'r brawd 'neis', ac fel 'y brawd neis' y cyfeiriwn ato am amser wedyn. Does dim dwywaith nad oedd yn 'gymeriad' ymhlith myfyrwyr Bangor. Daethai â'i las-enw 'Bun' i'w ganlyn o Ysgol Sir Pwllheli.

Yn hollol nodweddiadol ohono, aeth gyda dau neu dri o'i gyfeillion i sefyll ar Bont y Borth ar noson stormus iawn, gan y byddai'r bont yn siglo ar wynt mawr yn nechrau'r tridegau. Swatio yn y tŷ y byddai pawb arall!

Buom yn mynychu'r un darlithoedd Cymraeg am flwyddyn. Cofiaf yr Athro Ifor Williams yn trafod y gair 'pibonwy', a John yn dweud 'dannadd landar fyddwn ni'n eu galw', a llygaid yr Athro'n gloywi. Cyhoeddwyd nifer o'i delynegion yn y cylchgrawn *Omnibus*, a gwelir chwech ohonynt yn *Barddoniaeth Bangor* (1938). Ymddangosodd ei gerdd 'Dau Gymro' yn ei gyfrol *Yr eiddoch yn gywir* (1990); fe'i hysgrifennodd yn fy *album* ym mis Mai 1936. Ysgrifennai lawer o ffwlbri hefyd! Gallaf ein cofio ni'n dau yn ceisio cyfansoddi limrig ar gyfer rhyw achlysur, a chael rhywbeth i odli efo *Jellicoe*. Yn yr Ystafell Ymchwil Gymraeg, o bob man, yr oeddem – beth pe bai Doc Tom yn gwybod? Yr oedd cyfraniadau John i'r papurau rag, *Bang-or-Bust* a'r *Tonicl*, yn bethau yr edrychem ymlaen atynt.

Cymerai ran yn gyson hefyd yn y dadleuon yn y cymdeithasau Cymraeg a Saesneg. Yr oedd wrth ei fodd yn dal pen rheswm. Daeth yn destun syndod i fyfyriwr swil fel fi pan ddechreuodd ysgrifennu colofn yn *Yr Herald Cymraeg* ac anfon llythyrau i'r *North Wales*

Chronicle. Ni synnais o gwbl pan ddaeth yn olygydd *Y Cymro* ymhen blynyddoedd.

MARI ELLIS

Y tro cyntaf i mi weld John Roberts Williams, yr oedd ef a Goronwy, y gŵr (a oedd yng Ngholeg Bangor yn yr un cyfnod â John), yn cerdded i fyny'r allt tuag at ein cartref yng Nghaernarfon. Siarad yn ddiderfyn yr oeddynt: cerdded plwc, wedyn sefyll yn stond – i bob golwg, i bwysleisio rhyw wirionedd syfrdanol o bwysig. Eto, y peth sy'n aros yn bennaf yn fy nghof yw fod y ddau ohonynt yn gwisgo het. Ni welais i John erioed yn gwisgo het wedyn!

Anodd disgrifio'r math o hiwmor oedd yn pefrio drwy siarad ac ysgrifennu John – rhyw gymysgedd cywrain o'r digrif a'r difrifol ydoedd.

Heddiw, wrth gofio amdano, rhaid sôn am Gwen, ei wraig addfwyn, hyfryd, a'u plant, Ffion a Robin, a ddaeth â chymaint o hapusrwydd iddo ar hyd y blynyddoedd. Mae gennyf gof arbennig am un hafddydd godidog, a Gwen a minnau a'n plant yn treulio prynhawn ar lan y môr yn Abersoch, a'r plant i mewn ac allan o'r dŵr. Oriau wedyn, pan ddaethom yn ôl adref, yno yr oedd John a Goronwy o hyd, yn dal i roi'r byd yn ei le, heb symud modfedd allan o ystafell a oedd, erbyn hynny, yn dew gan fwg baco.

MARIAN GORONWY-ROBERTS

Bydd meddwl am John Roberts Williams yn dwyn atgofion am y criw ffraeth, gwreiddiol oedd yn y coleg ym Mangor yn y blynyddoedd yn arwain at yr Ail Ryfel Byd, yn cellwair ac yn hogi meddyliau ei gilydd wrth afradu doethineb, ond gydag o leiaf hanner llygad ar yr hyn oedd yn bur debyg o ddigwydd yn y dyfodol gweddol agos.

Bryd hynny dim ond o ddau gyfeiriad y gellid cael

arian tuag at addysg uwch, naill ai trwy dderbyn grant y Bwrdd Addysg – tair blynedd i wneud cwrs gradd a blwyddyn arall i hyfforddi'n athro gan ymrwymo i ddysgu am bum mlynedd neu dalu'r grant yn ôl – neu drwy fynd i'r weinidogaeth a dibynnu ar haelioni enwad. I'r garfan gyntaf y perthynai cyfartaledd helaeth o'r myfyrwyr, er bod ambell un, fel John a'i gyfaill Tecwyn Lloyd, yn gobeithio dilyn llwybr gwahanol.

Anaml iawn y byddai neb yn colli darlith – yr oedd y cynnwys a'r dull o draethu'n rhy ddiddorol. Ond ni rwystrai hynny fyfyrwyr dyfeisgar rhag llunio, yn gyfrinachol, eu hesboniadau a'u dehongliadau eu hunain o'r testunau gosod. Dyma'r cyfnod pan oedd gorchestwaith Syr Ifor Williams, *Canu Aneirin*, yn cael ei baratoi i'r wasg. Mae'n bur debyg na wyddai'r Athro ddim am ddamcaniaeth yr hogiau mai gwall oedd Catraeth am 'Cad-traed', ac mai cerdd am gêm bêl-droed oedd 'Y Gododdin' – yr ymwelwyr wedi colli, a'r tîm cartref yn eu hebrwng i'r orsaf!

ENID PIERCE ROBERTS

Cofiaf yn dda gerdded i lawr Stryd Fawr brysur Pwllheli un diwrnod (a minnau'n gweithio yn y dre fel gohebydd i'r *Herald Cymraeg*), a gweld John am y tro cyntaf ers dyddiau ysgol. Gwisgai het olau o liw gwenithfaen, ond yr un oedd yr hogyn o Eifionydd. 'Mi rydw i ar y ffordd atat ti i weithio ar y *Caernarvon and Denbigh Herald*,' meddai. Wedi hen sgwrsio a stilio, cefais ar ddeall ei fod wedi graddio ym Mhrifysgol Bangor, ac wedi cwblhau cwrs athro. Gwyddwn hefyd ei fod eisoes yn ysgrifwr poblogaidd dan yr enw John Aelod Jones, a'i fod wedi bod yn gweithio am sbelan wedyn efo Meuryn yn swyddfa'r *Herald* yng Nghaernarfon.

Braf oedd cael cwmni hen ffrind ysgol i fynd i'r llysoedd, y cynghorau, cyfarfodydd y gwahanol gyrff crefyddol, ac ambell gwest. Tipyn o galedwaith oedd hyn i gyd mewn dyddiau pan oedd y camera yn declyn cymharol ddieithr, a cholofnau papur newydd wrth y droedfedd.

Roeddwn i wedi cael eithaf crap ar law-fer gydag Edward Jones, un o'r dre, ond symol iawn oeddwn fel teipydd. Awgrymais i John mor bwysig oedd llaw-fer a theipiadur, gan awgrymu hefyd y dylai gael cymorth Edward Jones. 'Na, mi rydw i'n iawn, 'sdi.' Yr oedd adroddiadau John mor llawnion, a'i lyfr nodiadau heb fawr ddim ynddo! Dibynnai i raddau helaeth ar ei gof aruthrol. Cefais fy hun ryw ddiwrnod mewn tŷ yn y West End, Pwllheli, hefo John yn prynu teipiadur. Cysurais fy hun ei fod wedi gweld y golau o'r diwedd, a chynigiais gludo'r peiriant i dŷ ei nain a'i daid yn Chwilog, lle roedd yn aros. 'Na, i ti mae hwn; mae o gymaint yn well na'r un sydd yn y swyddfa.'

Gan y byddem weithiau yn anfon defnydd i'r papurau dyddiol, roeddem yn cystadlu yn erbyn hen law o newyddiadurwr oedd yn byw yn y dre – Ifan Puw, gŵr tal fyddai'n brasgamu hyd y dre gan gyfarch pawb, 'Wel, be 'di'r newydd?' (Un bore Sul, anelodd Puw y cyfarchiad at offeiriad y dre, a chafodd yr ateb ffwr-bwt fod llyn y Bala ar dân!) Mynd am y Post Mawr i deligramio yr oedd John a minnau ryw ddiwrnod, pan welsom Mistar Puw yn troi'r gornel am yr un lle, a John, y parodïwr ffraeth, yn adrodd hyn ar amrantiad:

> Puw mawr y rhyfeddodau maith,
> Rhyfeddol yw pob darn o'th waith!

Un o hoff straeon Meuryn, y golygydd, oedd yr un am John yn anfon ei lythyr caru at Gwen i'r swyddfa – ac adroddiad o ryw Gyngor Dosbarth at Gwen oedd yn athrawes yn Swydd Nottingham!

Byddai gofyn neilltuo amserau i gasglu newyddion lleol ar benrhyn Llŷn. Un diwrnod hafaidd o Awst, a ninnau yn Nefyn ar ein sgawt wythnosol yng nghanol ymwelwyr, roedd John yn hwyrach nag arfer yn dychwelyd at y car – oherwydd ei fod wedi ymdroi yn fferm Ty'n Pwll, yn sgwrsio hefo Clement Attlee! 'Stryd y Fflyd fydd dy ddiwedd di, 'sdi,' meddwn i. 'Dim ffiars o beryg, boi,' medda fonta.

Yna, un diwrnod, cyhoeddodd ei fod yn gorffen ac yn gadael ddydd Llun. 'I ble?' gofynnais. 'I Groesoswallt, i weithio ar *Y Cymro*. Rhaid i mi droi ati i weithio'n galed dros Gymru a'r Gymraeg, 'sdi.'

IOAN MAI EVANS

GOLYGYDD *Y CYMRO*

Y CYMRO

DYFED EVANS

Mewn rhyw fath o gyfweliad yng Nghroesoswallt y torrais i air gyntaf â John Roberts Williams. Wrth adael y Llynges yn 1946, cawswn £167 o 'gildwrn' gan Siôr VI am wneud rhyw joban bach iddo – un ddigon diniwed – yn y Dwyrain Pell. Yn ddoeth iawn, os caf ddweud, defnyddiais yr arian yn 1949 i fynd i Goleg Harlech. Doedd £167 ddim yn cyrraedd ymhell hyd yn oed hanner cant a naw o flynyddoedd yn ôl, a phan welais hysbyseb yn Y Cymro yn gwahodd ceisiadau am swydd gohebydd, cynigiais amdani cyn gorffen fy mlwyddyn yn Harlech.

Dyna pryd y bu'r cyfweliad. Fe'i gelwais yn 'rhyw fath' o gyfweliad oherwydd dyma un o'r rhai byrraf a fu erioed am unrhyw swydd, does bosib. Ar ddydd Mercher y daeth galwad i fynd i Groesoswallt, diwrnod rhoi'r Cymro yn ei wely. Safai'r Golygydd o flaen bwrdd haearn hir, pren mesur yn ei law, y lle yn ferw gwyllt a sŵn peiriannau leinoteip ddigon â'ch byddaru.

'Wedi dŵad ynglŷn â'r swydd,' meddwn i.

'Gawsoch chi siwrnai iawn?'

'Do, diolch.'

Y cwestiwn nesaf oedd hwn – un syfrdanol i mi!

'Fedrwch chi sgwennu Cymraeg?'

'Wn i ddim,' atebais.

'Pwy ŵyr, 'ta?'

'Wel, os ydach chi'n rhoi'r peth fel'na – medraf,' meddwn i.

'Iawn,' meddai yntau. 'Gewch chi ddechrau ddydd Llun.'

A dyna ni. Bu cyfweliad! Aeth y Golygydd rhagddo

i ddangos i ddyn mewn ffedog yn lle i osod colofn o fetal ar y bwrdd mawr.

Dyn od, meddwn wrthyf fy hun, heb sylweddoli mai go brin y buasai neb yn prynu'r fath gath mewn cwd. Erbyn gweld, roedd dau o ffrindiau pennaf y Golygydd, sef D. Tecwyn Lloyd a Meredydd Evans, yn ddarlithwyr yn Harlech, ac ar sail eu tystiolaeth hwy y rhoesai gyfle i mi. Gwelais yn y man fod ganddo ffrindiau mewn cant a mil o lefydd eraill hefyd, ym mhob math o bwysig a dinod fannau i gywain gwybodaeth ohonynt, a bod gan y bobl hynny ymddiriedaeth lwyr ynddo.

Y cysylltiadau – dyna ran anhepgor o'i lwyddiant. Gallwn ychwanegu meddwl treiddgar, ei gefndir, ei arddull, y medr i grynhoi a thrafod pethau astrus yn glir a diddorol, a'u gosod yn eu gwir oleuni ar amrantiad. Hyn oll – a hiwmor.

Wedi'r cyfweliad, cefais aml sioc cyn dod i'w adnabod. Daeth yr ail un ar fy ail ymweliad â Chroesoswallt, ar ôl bod dan adain Idris Roberts (y prif ohebydd yng Nghaernarfon) am ryw bythefnos.

Roedd hi'n daith diwrnod Saboth i gyrraedd Croesoswallt o wlad Llŷn: bws ben bore o Fynytho i Bwllheli; bws o Bwllheli i Gaernarfon; bws Lerpwl o Gaernarfon i Riwabon a bws o Riwabon i Groesoswallt. Ni chyrhaeddais at fy ngwaith yn y brif swyddfa y diwrnod cyntaf hwnnw nes oedd yn hwyr brynhawn.

'Does dim rhaid ichi wneud dim byd heddiw,' meddai'r Golygydd, 'ond fory mae eisiau ichi fynd i'r Royal Show yn Amwythig.'

'Pwy, fi?' gofynnais mewn syndod.

'Ia, chi.'

'Wel, am be chwilia i?'

Ac meddai yntau, cyn sobred â sant, 'Os gwelwch chi ddyn wedi dod yno ar gefn buwch o Sir Feirionnydd, triwch gael gair efo fo.'

Trio gwneud stori am hwch a'i moch bach dan lamp tu ôl

i ryw balis wnes i. Sylweddolaf bellach nad oedd hi fawr o stori, ond rhoes y Golygydd y truth yn gyflawn yn y papur trannoeth – a hynny mewn print du! Dyna'i ffordd o roi hunanhyder i'w weithwyr – eu bwrw i'r dwfn a rhoi iddynt bob anogaeth.

Roedd John yn ddyn ardderchog i weithio iddo. Roedd o'n glên, yn garedig, ac yn gefn i bob un ohonom. Roedd ei frwdfrydedd yn heintus a buasem i gyd yn mynd drwy ddŵr a thân i'w blesio.

Ond ni fuasai yntau ychwaith yn gofyn i ninnau wneud dim na fyddai'n barod i'w wneud ei hunan. Sawl golygydd (*pa* olygydd, yn wir) a fyddai'n fodlon mynd ati i werthu ei bapur o law i law, a'i gymell i bobl ar gae agored? Yn Eisteddfod Dolgellau yn 1949 roedd John, am y tro cyntaf, wedi darparu *Cymro Arbennig* – rhifyn i'r Brifwyl – yn ogystal â'r *Cymro* arferol, ac roedd y rhifyn arbennig wedi gwerthu'n dda. Ar gyfer Caerffili y flwyddyn wedyn dyma Wil Williams, dyn y cylchrediad, a Geoff Matthews, dyn yr hysbysebion a'r optimist mwyaf yng nghred, yn dadlau y dylid cael rhagor o gopïau. Fe gafwyd rhagor – ac fe gafwyd gormod. Ar nos Sadwrn olaf yr Eisteddfod dyna lle roeddem ni efo pentwr helaeth o *Gymro Arbennig* ar ein dwylo, a'r plantos a fuasai'n gwerthu trwy'r dydd wedi hen fynd adref. Doedd dim amdani ond ceisio eu gwerthu ein hunain.

'Beth amdani?' gofynnodd John. A dyma fwrw iddi.

Ystyriem ein bod yn cael eithaf hwyl arni nes daeth rhyw foi a fuasai'n gwerthu'r *Herald of Wales* heibio, Cymro di-Gymraeg o Abertawe. Cytunodd John â'i gais i'n helpu am hyn a hyn y copi, a dyna pryd y gwelsom pa mor ddi-glem yr oeddem ni.

Gwilym R. Tilsley, fel y cofiwch, a enillodd gadair Caerffili am ei awdl i'r 'Glöwr'. Rhoesai John lun mawr ohono, llond y dudalen flaen, yn y *Cymro Arbennig*, ac ar y cefn lun mawr o Elfed, a ddathlai ei ben-blwydd yn 90 oed y flwyddyn honno.

Ceisio tynnu sylw at gamp Prifardd yr Ŵyl yr oeddem ni, gan ailadrodd y pennawd, 'Aeth Cadair Caerffili i Gwilym R. Tilsley', ond, wedi gwybod be oedd be, canolbwyntiodd ein cyfaill o Abertawe ar Elfed, a hynny â tharan o lais. Gan ddangos llun Elfed dyma fo'n dechrau gweiddi: 'Read all about it! Read all about it! Get your copy now – he might be dead next year.' Fe werthodd gopïau fel slecs, ddwsinau lawer ohonynt mewn byr o dro.

Bu honno'n stori uchel gan John ar hyd y blynyddoedd, gan ddiolch i'r drefn bob tro yr adroddai hi fod Elfed wedi byw am dair blynedd arall!

Ni welais erioed mo'r Golygydd wedi gwylltio, er y buasai ganddo le i wneud hynny efo ni lawer gwaith, mae'n siŵr. Ar nosweithiau Mawrth arferem roi'r copi ar y trên wyth yng Nghaernarfon, i gyrraedd Croesoswallt mewn da bryd fore trannoeth – diwrnod rhoi'r *Cymro* yn ei wely. Ar ein ffordd i'r stesion un nos Fawrth aeth Geoff Matthews a minnau am gêm snwcer i'r Liberal. Aeth un ffrâm yn ddwy a dwy yn dair ac aeth y parsel yn angof. Roedd ynddo gopi gan Idris Roberts, Dafydd Norman Jones a minnau, lluniau gan Ted Brown a Robin Griffith a phentwr o hysbysebion gan Geoff. Ni chyrhaeddodd y parsel, wrth gwrs; roedd o'n dal ar sedd ôl y car. Ond y cwbl a ddywedodd John oedd: 'Peidiwch â gadael i hyn'na ddigwydd eto.' (Beth a ddywedodd ar ben arall y lein, wyddom ni ddim, debyg iawn.) O drugaredd, ni olygodd ein blerwch nad oedd *Y Cymro* yr un mor drwchus yn ymddangos yr wythnos honno hefyd. Byddai'r Golygydd yn 'morol fod ganddo bob amser ddigon o straeon nodwedd wrth gefn, wedi eu cysodi'n barod rhag ofn eira neu ddiffyg trydan – neu esgeulustra ar ran rhai o'i weithwyr, efallai!

Gweithiai'n galed anghyffredin. Mae'n amheus gen i a ysgrifennodd unrhyw olygydd yn unman fwy o gopi i'w bapur ei hun – nac yn fwy diddorol, bid siŵr. Go brin y byddai mwy o ddarllen ar ddim byd yn Gymraeg na 'Rhyngom ni a'n gilydd' gan John Aelod Jones – weithiau'n felys, weithiau'n hallt, ond bob amser yn ddiddorol.

Mabwysiadodd yr enw John Aelod Jones, wrth gwrs, oddi ar y cymeriad hwnnw a oedd yn 'gysfennu i'r Wasg' yn *Y Dreflan*, Daniel Owen, ond ni welais i erioed mo John Roberts Williams fel y gŵr hwnnw a'i ddau benelin ar y bwrdd, yn gwasgu ei ben rhwng ei ddwylo fel pe bai mewn gwewyr. Doedd arno ddim eisiau llonydd a distawrwydd chwaith fel y John Aelod Jones gwreiddiol. Gallai ysgrifennu yng nghanol pob dadwrdd, a hynny'n gyflym ryfeddol.

Ar wahân i'w gyfraniadau wythnosol arferol megis y golygyddol, y golofn bêl-droed, adolygiadau, y Croesair, a helyntion Dr Cyfiawn Preis % a Ledi Alibo yn eu dydd, âi allan o'r swyddfa hefyd ar drywydd straeon cyffredinol – fel yr aeth, a Geoff Charles i'w ganlyn, i ffarwelio â Charneddog a Chatrin yn y Carneddi, er enghraifft. Anfonai ninnau'r gohebwyr – Idris, Dafydd Norman, Eirug Jones, Glynne Jones, Tom Lloyd Jones, Ernest Jones ac eraill – ar ôl straeon penodol yr oedd wedi meddwl amdanynt, fel yr anfonodd fi i gael hanes Bob Owen Croesor.

Gwyddai'n dda beth fyddai at ddant y darllenwyr. Yn y cyfnod hwnnw, dechreuasai gyfres yn gwahodd rhai o enwogion y genedl i ysgrifennu peth o'u hanes – tair pennod yr un. Anfoddog iawn oedd Bob Owen i fynd ati, ac yn y diwedd perswadiodd John ef i adrodd yr hanes wrthyf fi. Gwyddai o'r gorau mai anodd iawn, onid amhosibl, fyddai cyfyngu Bob Owen i dair pennod. 'Gwnewch nhw'n chwech' fu'r cyfarwyddyd i mi, ond yn y diwedd aeth y chwech yn ddeunaw pennod ar hugain!

Roedd hi'n ddyddiau digon anodd ar bapurau newydd pan oedd John yn ymgymryd â golygyddiaeth *Y Cymro* yn y pedwardegau. Lleddid rhesi o bapurau, gan gynnwys papurau Saesneg dyddiol a werthai gannoedd o filoedd o gopïau, gan y costau cynyddol. Diflannodd y *Daily Sketch*, y *Daily Dispatch* a'r *Daily Herald*, er enghraifft, a thuedd llawer o'r gweddill fu gostwng y safon i geisio denu darllenwyr.

Mynd y ffordd arall wnaeth John. Codi'r safon. Sicrhau colofnwyr y gwyddai'n dda am eu dawn mewn gwahanol feysydd, ond ymorol hefyd am bethau ysgafnach fel 'Ble mae'r Bêl?' a 'Pwy yw'r Berta?' Bu mewn tipyn o helynt efo'r naill a'r llall – yr *Empire News* yn mynnu hawlfraint ar 'Spot the Ball', a'r saint mewn Cyfarfodydd Misol yn codi dani am gamblo efo lluniau merched del, er nad oeddynt yn hanner noeth.

Hoff stori John o ddyddiau 'Pwy yw'r Berta?' oedd hanes Ted Brown yn mynd i dynnu llun rhyw ferch o Ddyffryn Nantlle. Y drefn oedd gofyn i glwb neu fudiad neu siopau mawr i enwebu rhai ar gyfer y gystadleuaeth, ac i Ted Brown neu Robin Griffith, y ffotograffwyr yng Nghaernarfon, alw heibio. Un diwrnod cyrhaeddodd enwau dwsin o genod o Glwb Amaethwyr Ieuainc Dyffryn Nantlle. Roedd un ohonynt yn byw mewn lle pur anghysbell a ffordd sobr o sâl tuag yno. Pan gnociodd Ted ar y drws ymddangosodd clamp o ddynes fawr o'i flaen a'i gwallt am ben ei dannedd braidd.

'Ydi Miss Jones adra?' gofynnodd Ted.

'Fi ydi Miss Jones,' meddai hithau.

A dyna osod y tynnwr lluniau mewn tipyn o bicil. Heb fod yn rhy angharedig, doedd Miss Jones mo'r fwyaf delfrydol ar gyfer 'Pwy yw'r Berta?' Ond sut oedd osgoi'r embaras?

'Clywed wnes i,' meddai Ted, 'fod gynnoch chi wyau hwyaid i'w gwerthu.'

'Nag oes,' meddai hithau. 'Does yma ddim chwadan ar y lle.'

Yn 1962 gadawodd John *Y Cymro* gan droi i fyd y teledu, a fedyddiodd ef unwaith yn 'Lantarn y Lob'. Ffarweliai gan ofyn iddo'i hun a adawai sylwedd yr inc am gysgodion y lantarn! Ond buan iawn y meistrolodd y cyfrwng newydd, wrth gwrs – a pharhaodd y sylwedd.

Rhyngom ni a'n gilydd

gan John Aelod Jones

['Plant cadw' o Lerpwl yn dweud eu hadnodau
mewn capel yn Eifionydd yn 1942]

Phyllis Donnellan, Phyllis a Betty Scott, a John Birch.
Pedwar llais bach eofn; lleisiau deuddeg oed, un ar ddeg,
wyth, ac wyth oed; Cymraeg a dau a hanner y cant o
lediaith Saesneg arno yn gwefreiddio capelaid helaeth o
gymanfawyr gwledig.

Yr Arglwydd yw fy mugail; ni bydd eisiau arnaf . . .

Y drydedd Salm ar hugain yn gyflawn, berffaith, gan
gynnwys 'yng ngwydd fy ngwrthwynebwyr' o enau plant
bychain. Plant bychain o Saeson.

O ffenestr ffrynt 72 Holden Street, Lerpwl, gallai Phyllis
Donnellan syllu i bellter o ddeg llath ar nifer y brics a aeth
i adeiladu un wyneb i loches bomiau a godwyd yn y stryd
mor gyfleus wrth ddrws ei chartref. O ffenestr y llofft ceid
cip ar yr hen olygfa gymdogol gyn-ryfel – waliau budron
brics tragywydd yn nymbar 71 a 73. O'r cefn, y brics a'r
mwg a'r brics a'r cyrn a'r brics a'r llechi a'r brics . . .
    Felly'n union Betty a Phyllis Scott, gyda'r gwahaniaeth
syml mai nymbar 10 Buttermere Street yw'r eiddynt hwy a
nymbar 9 a 11 a welir o ffenestr y llofft.
    26 Chelmsford Street – John Birch. 25 a 27 gyferbyn.
Dim lloches yn union o flaen carreg ei ddrws. Esgus o ardd
o flaen y tŷ, a dyfodd yn berllan flodeuog bellach yn

nychymyg dewr a ffyddlon y bychan. Gweler Donnellan, Scott am y gweddill.

Heddiw, y môr, y caeau, y coed, y blodau, yr afon, y mynyddoedd i'w golwg o'r naill ffenestr ar ôl y llall. Plant cadw.

> *Efe a wna i mi orwedd mewn porfeydd gwelltog;*
> *Efe a'm tywys gerllaw y dyfroedd tawel . . .*

O ddychrynfeydd uffern i gydadrodd Salm mewn iaith ddieithr yn hedd y capel yn y wlad.

> *Efe a ddychwel fy enaid . . . Ie, pe rhodiwn ar hyd*
> *glyn cysgod angeu, nid ofnaf niwed . . .*

Prynhawn Sadwrn o Fai yng Nghymru, yn y flwyddyn o ras un mil, naw cant, pedwar deg a dau.

[John Roberts Williams], *Y Cymro*, 16 Mai 1942

Bara

'Pryddest anfuddugol'
gan John Aelod Jones

[Detholiad byr o'r bryddest!]

Yn yr yfyn ddu wreichionog
  Lymp o does a godai'i ben,
Megis un o feirdd coronog
  Cenedlaethol Cymru wen.
'Rôl hir bobi yr un ffunud
  Darfu eu heiriasboeth rawd –
Anfarwoldeb deugain munud
  Ydyw hanes bardd a blawd.

Yn y van â'r bara britha
Yn y fan â'r bryddest hitha,
Deued hindda, deued glaw –
Tragwyddoldeb sydd gerllaw.

Darfu'r bîr a darfu'r baci,
Darfu'r blacowt, darfu'r caci,
Darfu 'mhres, ac nid yn ara,
Ond ni ddarfu eisiau bara.

Caed eraill gêcs i'w trimio
  Neu sgons cyreinsllyd tyn,
Ond gwell gan ferch sy'n slimio
  Yw cryst o fara gwyn.

Caed eraill gêc Madeira
  Neu deisen o Dyndî,
Ond os am groen fel eira
  Rhowch fara gwyn i mi.

Gif mi ddy dough,
Dough, re, mi, ffa, sough,
Hough, hough fe erys dough.
Ni all y bough-bough
Ddim dychryn dough
Na'i yrru ar ffough.
Ewch am drough
Ewch o'ch cough
Gwaeddwch wough
Ar fuwch a llough –
Gwaeddaf finnau 'haff e mough'
Gwrandewch ar un sy yn y nough
– Erys dough.

A dyma fough
  Y gwir sy'n para –
Dim dough,
  Dim bara.

Ffarwel yn awr i Ŵyl y Rhos,
A'r peillio i'r beirniaid gyda'r nos.

Ffarwel i'r dorth, ffarwel i'r cêc,
Ffarwel i'r rhai sydd ar y mêc.

I orau bardd y cread crwn
Dyw coron fawr mewn byd fel hwn.

[John Roberts Williams], *Y Cymro*, 10 Awst 1945

TELEPHONE: 2443.

BRYN LLINOS,
VICTORIA DRIVE,
BANGOR,
CAERN.

E. Tegla Davies, mewn llythyr at Dyfed Evans yn 1962, yn cyfeirio at y newydd fod John Roberts Williams yn gadael ei swydd fel golygydd Y Cymro: *'Bydd yn anodd meddwl am* Y Cymro *hebddo. Yr oedd* Y Cymro *ac yntau'n gyfystyr yn ein bywyd.'*

Fi oedd yr unig dynnwr lluniau llawn-amser a weithiai i'r *Cymro* ar y pryd, pan ddaeth galwad i'r swyddfa yng Nghaernarfon yn Nhachwedd 1957 fod y Golygydd eisio gair. Roedd am i mi alw amdano yng Nghroesoswallt, ac yna mynd ein dau ar daith.

Dyma'r cyfnod pan oedd sôn am gael atomfa yn Nhrawsfynydd (a hefyd ger fy nghartref yn Edern), a bwriad John oedd inni fynd i weld sut roedd y diwydiant atomig yn effeithio ar Cumbria yng ngogledd Lloegr. Roedd atomfa gyntaf Prydain, sef Calder Hall a agorwyd y flwyddyn cynt, erbyn hyn yn llwyddiannus gynhyrchu trydan i'r grid genedlaethol ac yn elfen bwysig o economi'r ardal. Ond roedd yno hefyd bryder ynglŷn â pheryglon y diwydiant yn dilyn damwain fis ynghynt (yn Hydref 1957) ar safle gerllaw a elwid Windscale. Gwelai John hefyd gyfle i fynd i wylio gêm bêl-droed ryngwladol rhwng yr Alban a Chymru yn Hampden Park!

Er nad oedd wedi dysgu gyrru car ei hun bryd hynny, roedd John yn dywysydd rhagorol a chwmnïwr ardderchog ar y siwrna ddi-draffordd faith drwy'r gwynt a'r glaw yn y fan A35. Un ffordd o gadw'r gyrrwr ar ddihun oedd ceisio dysgu iddo'r cynganeddion, ac mi gofiaf drafodaeth am ryw bethau'n pwyso 'Ar ei frest yn nhre Preston' ar gyrion y dref honno! Caed ymweliadau diddorol yn ystod y daith – er enghraifft, galw i weld y llun gwreiddiol o Siân Owen, Ty'n-y-fawnog, yng Nghilgwri; ymweld â Gretna Green, ac â'r Amgueddfa yn Blantyre sy'n dathlu bywyd a gwaith yr enwog David Livingstone.

Wedi cyrraedd adref, llwyddodd John i ysgrifennu pedair stori sylweddol yn dadansoddi'r cyfweliadau a gawsom â phenaethiaid y diwydiant atomig, pobol yn ymwneud â'r byd addysg, ffermwyr Cumbria oedd yn gorfod taflu eu llaeth, ac ati, ar gyfer y rhifyn canlynol o'r

Cymro – yn ogystal â pharatoi ei golofn olygyddol yr wythnos honno ar ddiweithdra yng Nghymru. Ac yn yr un rhifyn ymddangosodd hefyd adroddiad o'r gêm ryngwladol gan 'Y Gwyliwr' (a llun ar gyfer cystadleuaeth 'Ble mae'r Bêl'!), a thipyn o syndod i mi oedd gweld mai testun ysgrif wythnosol John Aelod Jones yr wythnos honno oedd fod rhai yn ei chael hi'n anoddach na'i gilydd i feistroli Cerdd Dafod! Ysgrifennwyd dros 5,000 o eiriau gan y Golygydd mewn byr amser o ganlyniad i'r daith gofiadwy honno.

Robin Griffith

Mae cof da am un enghraifft o hiwmor gwreiddiol John yn mynd â fi'n ôl i Brifwyl Glynebwy 1958, a ninnau, staff *Y Cymro*, yn aros yn ardal Abertyleri. Roedd ein taith foreol i'r Eisteddfod yn mynd â ni drwy ryw bentref bach o'r enw Aberbeeg, enw a ogleisiodd y golygydd yn arw iawn. Gydag enw felly roedd y lle yn haeddu maer, o leiaf, a dyma John yn creu prif ddinesydd dychmygol. Rhaid, wrth gwrs, oedd talu gwrogaeth i'r anrhydeddus ŵr anweledig, felly bob bore trwy gydol wythnos yr Eisteddfod byddem yn dod allan o'r car wrth ymyl yr arwydd Aberbeeg, penlinio ar ganol y ffordd, codi a gostwng ein breichiau, a chydadrodd y cyfarchiad, 'Bore da, Mr Maer', a'r cyfan dan arweiniad John, y crëwr ffraeth. (Pe gwelid y fath olygfa heddiw, mae'n bosib y caem ein dwyn i'r ddalfa ar amheuaeth o fod yn derfysgwyr!)

Roedd yn feistr ar lunio penawdau bachog. Un enghraifft glasurol, a bythgofiadwy, oedd honno a ymddangosodd uwchben stori yn *Y Cymro* am g'weiriwr ('sbaddwr anifeiliaid gwryw) o Ben Llŷn yn ymddeol – 'Torri'r hen gysylltiadau'.

Dafydd Norman Jones

Cefais alwad deliffon, hollol ddirybudd, gan John Roberts Williams ym mis Mai 1958 yn gofyn a wnawn i olygu atodiad ar gyfer merched yn *Y Cymro*, i ymddangos bob chwarter. Cefais fy syfrdanu, ond pan awgrymais iddo fod yna ferched mwy cymwys na fi, '*Chi* ydw i isio,' meddai – a dyna ben arni. Lansiwyd yr atodiad yn rhifyn Eisteddfod Glynebwy, 7 Awst 1958, ac ymddangosodd yr ail rifyn adeg y Nadolig. John a benderfynodd ei alw yn 'Tŷ Ni', er mai dyna hefyd oedd teitl colofn wythnosol 'Mair y Wraig a John y Gŵr' (Wenna Bowen Griffith a'i gŵr, Ifor Bowen Griffith) yn *Y Cymro*. Yn 1965 cyhoeddwyd detholiad o ysgrifau'r chwe blynedd blaenorol (ynghyd â lluniau a chartŵnau) yn llyfr i ferched dan y teitl *Ffenest y Gegin*, a chyflwynais ef i John Roberts Williams.

MARI ELLIS

Roedd Harri [Gwynn] a minnau wedi gorfod mynd i Loegr i fyw a gweithio, ond wedi cadw cysylltiad â Chymru trwy'r wasg, yn arbennig colofnau cyson John dan yr enw 'John Aelod Jones' yn *Y Cymro*. Pan ddychwelon ni i Gymru yn 1950 i ffermio yn Eifionydd, John oedd un o'r rhai cynta i'n croesawu ni'n ôl. Roedd yn olygydd *Y Cymro* erbyn hynny ac anfonodd ei ohebydd, Dyfed Evans, acw i gael ein hanes, ynghyd â Robin Griffith, y ffotograffydd, i dynnu lluniau – ac fe'u cyhoeddwyd yn y papur. Ychydig yn ddiweddarach gofynnodd John i Harri ysgrifennu colofn wythnosol i'r *Cymro* am ein gweithgareddau yn Nhyddyn Cwcallt, a bu'r colofnau hynny'n achos difyrrwch i lawer o bobl am rai blynyddoedd. Yn dilyn hynny bu Harri'n adolygu llyfrau ar ei gais – tua 500 ohonynt i gyd!

Yn y cyfamser roedd John wedi gofyn i mi ysgrifennu yn wythnosol ar wyddoniaeth i'r *Cymro*. Mae'n debyg iddo glywed amdanaf yn darlithio yn Gymraeg ond, a minnau wedi fy magu yn Lerpwl a heb gael rhyw lawer o wersi Cymraeg pan es wedyn i Ysgol Sir Llangefni, doeddwn i erioed wedi sgrifennu gair o Gymraeg ar wahân i lythyrau personol llawn gwallau. Ond mentro wnes i, gyda chefnogaeth John a Harri, a John yntau'n mentro trwy gael colofn wyddonol mewn papur newydd Cymraeg a hynny gan awdures hollol ddibrofiad.

EIRWEN GWYNN

Yn y cyfnod pan oeddwn i'n olygydd *Y Cymro*, rwy'n cofio ymweld ag Ynys Enlli gydag Ioan Mai a John Roberts Williams, a chael diwrnod cofiadwy yng nghwmni dau o rai diddan oedd wedi bod yn ffrindiau ers dyddiau mebyd.

Roeddem wedi cyrraedd y rhan o'r ynys lle mae'r capel, dafliad carreg oddi wrth y gofgolofn fawr i'r Arglwydd Newborough. Sylwodd Ioan Mai pa mor ddisylw oedd y capel o'i gymharu â'r gofgolofn urddasol a oedd yn tynnu cymaint o sylw y tu allan iddo. 'Ia,' meddai John Roberts Williams, 'ella eu bod nhw wedi cymysgu rhwng dau arglwydd.'

GLYN EVANS

ARLOESI YM MYD Y FFILM

DIOGELU'R ETIFEDDIAETH

GWENNO FFRANCON

Er gwaetha'r croeso llugoer a estynnwyd i ffilm a'r sinema gan Gymry deallusol yr ugeinfed ganrif, ceid ambell gymwynaswr a oedd yn ddigon hirben i sylweddoli grym y cyfrwng ac a aeth ati'n ddyfal i'w harneisio ar gyfer dibenion Cymru a'i phobl. Un o'r cymwynaswyr hyn, a sylweddolodd fod y cyfrwng ffilm yn bur debyg o fod yn un o brif ddylanwadau'r ugeinfed ganrif, oedd Syr Ifan ab Owen Edwards, cyfarwyddwr y ffilm lafar Gymraeg gyntaf, sef *Y Chwarelwr* (1935). Ond treiglodd rhyw ddeuddeg mlynedd heibio cyn i'r ffilm nesaf Gymraeg ei hiaith ymddangos ar sgriniau mawr Cymru, a ffrwyth gweledigaeth John Roberts Williams oedd honno.

Ac yntau ar y pryd yn newyddiadurwr craff ac yn olygydd *Y Cymro*, daeth John i'r casgliad ei bod hi'n hen bryd llunio ffilm Gymraeg arall a fyddai'n olynydd teilwng i'r *Chwarelwr*, a oedd erbyn 1947 wedi mynd yn angof. Yr hyn a'i hysgogodd i lunio ffilm oedd ei awydd i annog ei gyd-Gymry i werthfawrogi eu hetifeddiaeth, eu gwlad, eu diwylliant a'u hiaith drwy roi ar gof a chadw nifer o draddodiadau ac arferion a oedd yn prysur farw o'r tir. Yr oedd *Yr Etifeddiaeth*, felly, yn deitl naturiol i'w roi i'r ffilm. Y nod oedd dangos i'r Cymry, yng ngeiriau John, 'y cyfoeth a all lithro o'u dwylo mor hawdd', ac mewn sgwrs radio yn 1949 dywedodd: 'Sylweddolais mai ffilm yn unig a allai wneud y gwaith hwn. Yr oedd yn rhaid i'r llygad weld cyn y gallasai'r galon ddeall.'

Penderfynodd John o'r cychwyn cyntaf mai creu ffilm ddogfen heb gynnwys unrhyw actorion na deialog, nac unrhyw felodrama, fyddai'r cynllun gorau. Gwyddai, yn nodweddiadol graff, y byddai creu ffilm yn ymwneud â Chymru gyfan yn faes rhy eang ac yn fenter rhy gostus. Felly, penderfynodd ganolbwyntio ar ddarlunio ei filltir sgwâr, ei fro enedigol a oedd mor annwyl iddo, sef Llŷn ac Eifionydd – y fro 'rhwng môr a mynydd'. Daeth yr ardal hon, felly, i gynrychioli bywyd Cymru ar ei orau yn *Yr Etifeddiaeth*.

Llafur cariad dros Gymru oedd y gwaith a wnaethpwyd gan John a Geoff Charles, y ffotograffydd proffesiynol annibynnol, ar y ffilm hon. Roedd y ddau, wrth gwrs, yn gweithio'n llawn amser ac felly bu raid iddynt dreulio eu penwythnosau yn llunio'r ffilm dros gyfnod o bymtheg mis yn ystod 1947 a 1948. Wedi misoedd o waith caled, yng nghanol tywydd anwadal Cymru, llwyddwyd i gwblhau'r ffilmio. Fe olygwyd y deunydd i lenwi hanner can munud ac ychwanegwyd sylwebaeth gan Cynan, yr hogyn o Lŷn – sylwebaeth, dylid nodi, a recordiwyd ar un cynnig yn unig, gan lawn arddangos ei ddawn traethu ddigymar.

Yn ddi-os, John oedd pensaer y ffilm. Ef oedd yr un a ddewisodd yr elfennau i'w cynnwys a'u hepgor yn y gwaith ac ef a arweiniodd Geoff o gwmpas yr ardal wrth geisio canfod beddau, cofebau a chymeriadau i'w dogfennu. Ef a luniodd y sylwebaeth a lefarwyd mor goeth gan Cynan ac ef hefyd a ddewisodd Freddie Grant, y tywysydd mud sy'n cydlynu'r golygfeydd o Lŷn ac Eifionydd. Faciwî ifanc croenddu o Lerpwl a ymgartrefodd yn nhŷ Eliseus Williams, cyn-brifathro ysgol Llangybi a chyfaill i John, oedd Freddie.

Lluniodd John wers hanes a'i chyflwyno ar ffilm i'w gyd-Gymry. Mae'n ein tywys yn *Yr Etifeddiaeth* o gwmpas rhai o drysorau'r ardal, er enghraifft cromlech Rhos-lan, Tre'r Ceiri ar fynydd yr Eifl, Castell Cricieth, Eglwys Aberdaron, a bedd un o arwyr pennaf yr ardal, sef David Lloyd George, yn Llanystumdwy. Mae'n rhoi sylw i ddiwylliant gwerin y fro, gan dalu gwrogaeth i grefftwyr ac amaethwyr yr ardal a oedd hefyd yn feirdd, yn llenorion ac yn bregethwyr – dynion fel Robert ap Gwilym Ddu, Eben Fardd, Eifion Wyn a Myrddin Fardd. Ond Cybi, sef Robert Evans, postmon wrth ei alwedigaeth, sy'n cynrychioli'r traddodiad barddol hwn yn y cnawd ac ef sy'n dynodi terfyn oes aur beirdd a llenorion Llŷn ac Eifionydd. Gwelir Cybi yn eistedd yn nrws ei fwthyn, yn edrych yn bur anghysurus wrth ddangos ei gasgliad o lyfrau i Freddie Grant. Câi John gryn hwyl wrth gofio am yr her a wynebwyd wrth geisio ffilmio'r hen fardd; cofiai sut y bu raid llusgo Cybi at garreg y drws i'w ffilmio yng ngolau 'lamp y plwyf', chwedl John, gan ei fod yn byw mewn bwthyn llwm a di-drydan. Fe welir yn glir ar wyneb Cybi gymaint y mae'n casáu pob munud o'r profiad!

Ond o safbwynt yr hanesydd cymdeithasol ac, efallai, y gwyliwr cyffredin heddiw, un o rannau mwyaf gwerthfawr y ffilm yw'r lluniau o drigolion Llŷn ac Eifionydd wrth eu gwaith bob dydd. Amaethyddiaeth, sef prif gynhaliaeth yr ardal, sy'n cael y sylw pennaf ac y mae pwysigrwydd crefft gyntaf dynolryw yn cael ei bwysleisio'n aml gan John, y mab fferm. Ceir golygfeydd o Laethdy Rhydygwystl, ger Chwilog, a oedd yn dosbarthu llaeth cyn belled â Lerpwl; peiriant sychu a chreu cesyg gwair yn awyrendy Penrhos; a melin goed Hendre Bach, Rhos-fawr, a oedd yn llunio offer amaethu megis pladuriau a chribiniau. Fe welir hefyd sut roedd technoleg newydd wedi dechrau disodli'r hen ddulliau o ffermio, gyda'r ceffyl yn ildio'i le i beiriannau. Cymwynas fawr y ffilm yw ei bod wedi diogelu ar seliwloid y darluniau hyn o hen arferion amaethyddol, megis yr hen ddull o gneifio a medi'r cynhaeaf, a hen ddulliau gwaith y chwarel wenithfaen yn Nhrefor. Ymysg y golygfeydd trawiadol ceir lluniau o dad a brawd John ei hun yn hel gwair. Fflach arall o hanes yn cael ei greu yw'r golygfeydd o Tomi, gwas fferm Bodfael a'r olaf o'i fath yn Llŷn, yn mynd i'r ffair bentymor ym Mhwllheli i chwilio am waith. Mae'r darluniau hyn yn rhai swynol iawn, ac roedd John gyda'r cyntaf i gytuno mai i Geoff Charles y mae'r diolch am hynny. Gadawodd John a Geoff i fywyd lifo yn ei flaen heb unrhyw ymyrraeth ac, o ganlyniad, llwyddwyd i gipio golygfeydd unigryw a naturiol iawn. Ond ni freuddwydiodd John na Geoff y byddai cymaint o'r hyn a gofnodwyd ganddynt yn diflannu mor gyflym yn y blynyddoedd i ddod. Fel y dywedodd John ei hun wrthyf mewn cyfweliad yn 1998 ynglŷn â'r dasg o benderfynu beth i'w ffilmio, 'Tydi rhywun ddim yn credu yng ngwaelod ei galon fod yna rywbeth mawr yn mynd i newid.' Aeth blynyddoedd heibio cyn i John sylweddoli, er enghraifft, iddo ffilmio'r ceffyl olaf i'w werthu yn ffair Cricieth. O ganlyniad, gellid dadlau mai prif rinwedd y ffilm yw'r darluniau naturiol a gonest a geir ynddi o etifeddiaeth a oedd ar fin dirwyn i ben yn sgil moderneiddio Cymru wedi'r Ail Ryfel Byd.

Ond diau mai'r hyn sydd yn gwneud *Yr Etifeddiaeth* yn drysor o ffilm oedd parodrwydd John i ddefnyddio'r cyfrwng i brocio'n cydwybod, ac ysgogi'r Cymry i weithredu. Gwyddai'n dda mai dyma'r cyfrwng a gyrhaeddai'r mwyafrif o bobl yng Nghymru. Y sinema oedd ei bulpud, ac yn y ffilm cyflwynodd ei neges fod etifeddiaeth y Cymry yn cael ei llesteirio gan lif o fygythiadau estron, bygythiadau megis dylanwad Seisnig y radio, y wasg a'r sinema ar ddiwylliant ac iaith Cymru, y cynnydd mewn teithio ar fysiau, trenau a cheir, a'r rhwyg o golli rhagor o fechgyn ifanc yn sgil yr Ail Ryfel Byd. Ond yr hyn a nodwyd gan John fel y bygythiad pennaf i barhad traddodiadau'r ardal oedd gwersyll gwyliau Butlin's ym Mrynbachau. Er hynny, yn hytrach na rhefru ynghylch y bygythiadau diweddar hyn i etifeddiaeth Llŷn ac Eifionydd, dewisodd y ddau ffilmydd ddefnyddio grym pennaf y cyfrwng gweledol hwn drwy gloi'r ffilm yn gynnil iawn â golygfa ogoneddus o'r haul yn machlud dros y bae yng Nghricieth: trosiad torcalonnus o fachlud y Gymraeg a'r hen ffordd o fyw yn Llŷn ac Eifionydd.

Dangoswyd y ffilm am y tro cyntaf i'r cyhoedd yn Eisteddfod Genedlaethol Dolgellau ym mis Awst 1949. Cafwyd 'tŷ llawn' ar gyfer pob dangosiad gydol yr wythnos. Ond gan nad oedd *Yr Etifeddiaeth* ar ei phen ei hun yn ffilm ddigon hir i wneud noson ohoni, fe ddangoswyd yn ogystal sawl ffilm fechan arall a luniwyd gan John a Geoff ar ran *Y Cymro*. Dangoswyd ffilm am bapur newydd *Y Cymro* yn mynd i'r wasg; ffilm o gôr Coed-poeth yn Madrid ac ynddi ddarluniau o ymladd teirw; a ffilm o dîm pêl-droed Cymru yn curo Gwlad Belg 5–1 yng Nghaerdydd. Ond y ffilm fwyaf gwerthfawr yn y casgliad hwn a ddangoswyd yn 1949, ar wahân i'r *Etifeddiaeth*, oedd *Tir na n-Og*, ffilm a luniwyd gan John, Geoff a Wil Vaughan ac y gellir ei hystyried yn chwaer i'r *Etifeddiaeth* gan ei bod, trwy gyfrwng nifer o ddarluniau hanesyddol gwerthfawr, yn darlunio ffordd o fyw mewn rhanbarth cwbl Wyddelig o Iwerddon, sef Connemara. Mae'r ffilm hon, megis *Yr Etifeddiaeth*, wedi ei chadw yn ddiogel gan Archif Genedlaethol Sgrin a Sain Cymru, Aberystwyth, a diolch i John fe gyflawnwyd cymwynas arbennig i genedl arall drwy ddiogelu rhai o draddodiadau ac iaith hynafol rhan o Iwerddon.

. Camp fawr John Roberts Williams a Geoff Charles, trwy gyfrwng *Yr Etifeddiaeth*, oedd darlunio, cofnodi a dathlu bywyd beunyddiol mewn un gornel fechan o Gymru, sef Llŷn ac Eifionydd. Ac fe wnaeth y ddau hynny ar adeg pan oedd y bywyd hwnnw'n cael ei lindagu gan fodernrwydd a'i sathru dan draed rhuthr amser. Teyrnged ddiedifar ac anfeirniadol i'r werin-bobl a oedd yn cynnal yr iaith a'r diwylliant Cymreig yw *Yr Etifeddiaeth*. Gwelir edmygedd a chariad John at ei ardal enedigol yn amlwg yn y ffilm hon, ond yr hyn sy'n amlycach fyth yw ei gariad at ei genedl, ei iaith a'i ddiwylliant. Mae'n galondid fod *Yr Etifeddiaeth*, ei gyfraniad pennaf i ffilm, bellach wedi ei hadfer a'i gosod ar dâp fideo er budd y genedl gyfan gan Archif Genedlaethol Sgrin a Sain Cymru. Fy ngobaith personol i yw y bydd pob

Cymro a Chymraes yn ei gwylio, yn myfyrio ar y neges sydd ynddi ac yn rhyfeddu at flaengarwch John a ddangosodd, unwaith yn rhagor, ei allu i droi ei law at bob un o'r cyfryngau.

Llosgi meddyliau
Wil Aaron

Yr Etifeddiaeth yw'r enwocaf o'r pedair ffilm a saethwyd gan John Roberts Williams a Geoff Charles ym mhedwardegau'r ganrif ddiwethaf. Mae'r enwogrwydd hwnnw'n haeddiannol, oherwydd i'r *Etifeddiaeth* yr arllwyswyd y cyfan o'u hadnoddau a'u hamser a'u gofal – rhywbeth i lenwi gofod oedd y tair ffilm arall. Ond mae un o'r rheiny'n werth ei gwylio: nid am ei bod hi, mwy na'r *Etifeddiaeth*, yn enghraifft o gelfyddyd ffilm ar ei gorau, ond oherwydd bod John, fel newyddiadurwr da, wedi llwyddo yn y ffilm hon i fynd â'i gamera i lefydd diddorol ar adegau diddorol i ffilmio digwyddiadau diddorol.

Tir na n-Og yw ei henw – sef 'Gwlad yr Ifanc'. Mae'n dipyn byrrach na'r *Etifeddiaeth* – chwarter awr yn hytrach na thri chwarter awr. Ffilm ddogfen yw hi am deulu o ddyddynwyr yn crafu bywoliaeth ar ychydig erwau o dir llwm yng ngorllewin Iwerddon. Roedd gan John ffrind o'r enw Wil Vaughan, a siaradai'r Wyddeleg yn rhugl, ac roedd gan Wil gysylltiadau da â phentref bychan o'r enw Spiddal, neu An Spidéal mewn Gwyddeleg, pentref oedd bryd hynny'n gadarnle'r iaith, yng nghanol Gaeltacht Connemara. Trefnodd Wil i John a Geoff ac yntau gael aros gyda theulu am wythnos mewn tyddyn ar gyrion An Spidéal, a'u ffilmio wrth eu gwaith bob dydd.

Yr hyn sy'n taro dyn wrth edrych ar y ffilm yw pa mor syml oedd y dull o amaethu. Mae un olygfa, er enghraifft, wedi ei ffilmio yn y cae tatws lle roedd y tad wrthi'n codi'r cnwd. Doedd dim peiriant ar gyfyl y lle. Yn wir, fyddai dim lle i beiriant yn y cae. Dim ceffylau na throl. Yn ei atgofion, dywed Geoff Charles nad oedd llidiart i'r cae. Pan fyddai angen rhoi asyn i bori, byddai'r tyddynwyr yn agor bwlch yn y wal i'r asyn fynd trwyddo, a chau'r bwlch ar ei ôl. Yn y ffilm, mae'r tad yn llwytho'i datws i fasged fawr, ac yn dringo'n rhyfygus dros y wal, a'r fasged ar ei gefn. Mewn golygfeydd eraill, mae'n plethu to gwellt ei das wair. Mae ei wraig ac yntau'n chwynnu gyda'u dwylo rhwng y bresych. Mae'n casglu mawn o'r mynydd. Ceir awgrym ei fod yn berchen ar gwch, ac yn ei ddefnyddio i bysgota. Mae'n amlwg nad oedd yr hen batrwm amaethyddol yn An Spidéal wedi newid rhyw lawer ers cenedlaethau, neu hyd yn oed ganrifoedd. Tybed, yn wir, ai dulliau tebyg oedd gan amaethwyr Oes yr Haearn ddwy fil o flynyddoedd ynghynt? Fel yn *Yr Etifeddiaeth*, lle bu'n ffilmio'r ceffyl olaf i'w werthu yn ffair Cricieth a'r gwas olaf yn Eifionydd i fyw mewn llofft stabl, roedd John wedi llwyddo i gyrraedd gyda'i gamera ar y funud olaf. 'Wyddwn i ddim,' meddai, 'fy mod i'n recordio golygfeydd oedd ar fin diflannu, heb adael dim o'u hôl.'

Ar ôl dod adref i Gymru, collodd John gysylltiad â'r teulu yn Iwerddon. Bu Wil Vaughan farw. Aeth Geoff Charles ar ei wyliau i An Spidéal unwaith, ond er iddo grwydro am oriau, methodd ddod o hyd i'r tŷ, heb sôn am y teulu, gymaint oedd y newid yno, gymaint y moderneiddio a'r datblygu.

Ac ymhen amser aeth *Tir na n-Og* yn angof. Fe'i ffilmiwyd yn wreiddiol ar stoc 'reversal', sy'n cynhyrchu un print yn unig. Doedd dim negydd ar gael i wneud printiau ychwanegol, ac oherwydd hynny, anaml iawn y byddai'r ffilm yn cael ei dangos.

Ond yn 1994, cafodd Archif Ffilm a Theledu Cymru (fel y'i gelwid bryd hynny) ac Archif Ffilm Iwerddon grant ar y cyd oddi wrth un o gorfforaethau'r Gymuned Ewropeaidd ar gyfer gwneud negydd o'r print gwreiddiol, ac yn sgil hynny llwyddwyd i gynhyrchu printiau ychwanegol.

Dangoswyd y ffilm ar ei newydd wedd yng Ngŵyl Ffilm Galway yn 1995, ac aeth Iola Baines draw yno ar ran Archif Cymru. Cyn dangos y ffilm, ceisiwyd cael gafael ar aelodau o'r teulu er mwyn eu gwahodd i'r achlysur. Gwnaed apêl ar iddyn nhw gysylltu ag Archif Ffilm Iwerddon, ond ddaeth neb i'r fei. Ysgrifennwyd at y wasg leol yn An Spidéal a Galway, ond yn ofer. Cysylltwyd â'r offeiriad lleol, ond chafodd yntau ddim lwc. Ac yna, ar ddiwedd y dangosiad, daeth brawd a chwaer at Iola a'u cyflwyno'u hunain fel Tomás a Peig Ó Neachtain. Esboniodd Peig fod ganddi hi a Tomás gof plant am griw ffilmio yn dod i aros i dŷ ei thad yn An Spidéal yn y pedwardegau, a bod sôn wedi bod bryd hynny am *Tir na n-Og* fel teitl i'r ffilm. Felly, pan glywodd hi fod hen ffilm gyda'r teitl hwnnw i gael ei dangos yn Galway, teithiodd yno o'i chartref yn Nulyn i'w gweld. Ac o fewn eiliadau i ddechrau'r ffilm, fe'i gwelodd ei hun yn blentyn chwech neu saith oed yn chwarae'n droednoeth wrth ddrws ei hen gartref.

Pan glywodd John fod cysylltiad wedi ei wneud â'r teulu unwaith eto, roedd ar bigau'r drain eisiau mynd draw i'w cyfarfod. Roedd John, erbyn hyn, dros ei bedwar ugain oed, yn gymharol fregus ac yn nerfus iawn ynglŷn â theithio'r holl ffordd ar ei ben ei hun. Ond roedd yn benderfynol o fynd. Cynigiais innau ei yrru yno a gwneud ffilm am ei ymweliad, ac felly y bu. Dyma hedfan o Lerpwl i Ddulyn a gyrru ar draws Iwerddon i Gonnemara. Bûm ar y ffôn gyda'r teulu ymlaen llaw a darganfod eu bod yn rhedeg busnes gwely a brecwast, a bod yr union ystafell lle bu John a Geoff Charles a Wil Vaughan yn cysgu ynddi ar gael am wythnos.

Ar y ffordd draw, daeth llif o atgofion i John. Cofiodd mai Máire oedd enw'r fam ac mai Tomás oedd enw'r tad yn ogystal â'r mab. Cofiodd fod tad Máire'n byw gyda nhw ac yn rhannu'r gwaith ar y fferm. Cofiodd am y glaw a'i gwnaeth hi'n amhosib ffilmio am ddeuddydd o'r wythnos. Cofiodd orfod rhannu gwely gyda Wil Vaughan, profiad digon anghysurus gan mai dyn main, esgyrnog oedd Wil! Cofiodd am yr asynnod yn ei ddeffro ganol nos gyda'u nadu diddiwedd. A chofiodd fod cyrraedd Galway hanner can mlynedd yn ôl fel camu i fyd oedd heb newid mewn canrifoedd.

Ond, erbyn 1995, roedd Galway wedi gweld newid mawr iawn. Roedd economi Iwerddon yn tyfu'n gyflymach nag unrhyw economi arall yn y byd gorllewinol, a thraean o holl fuddsoddiadau'r Unol Daleithiau yn Ewrop yn llifo i mewn i'r wlad. A Galway, ddeng milltir o An Spidéal, oedd y ddinas gyflymaf ei thwf o holl ddinasoedd Ewrop. Yn An Spidéal, roedd pedwar cwmni mawr rhyngwladol wedi sefydlu ffatrïoedd. Roedd nifer o gwmnïau teledu, yn gynhyrchwyr a chyflenwyr adnoddau, hefyd wedi symud i'r ardal er mwyn bod yn agos at bencadlys y sianel Wyddeleg, Teilifís na Gaeilge (TG4), oedd newydd ddechrau darlledu o ganol Connemara. Ac roedd cannoedd o dai newydd wedi eu codi ym mhobman ar hyd yr arfordir, rhai ar gyfer gweithlu mawr cyfoethog dinas Galway a rhai ar gyfer y diwydiant twristiaeth oedd yn ffynnu'n rhyfeddol – tai haf, cabanau gwyliau, tai gwely a brecwast, a gwestai.

Roedd John yn cofio ffilmio yn Llangybi ar gyfer *Yr Eifeddiaeth* tua'r un adeg â'i daith gyntaf i Gonnemara. 'Tai cerrig solet oedd yn Eifionydd,' meddai, 'tai efo llechi ar y to ac yn edrych yn fwy cysurus o dipyn na rhai An Spidéal yr adeg honno. Ond heddiw, wrth gymharu llewyrch y ddwy ardal, does dim dwywaith mai Llangybi sydd wedi colli tir ac mai yn An Spidéal y mae'r bywyd.'

Ac roedd y newid yr un mor amlwg wrth i John droi i mewn i fuarth yr hen ddyddyn. 'Pan gyrhaeddais i i olwg yr hen fwthyn ar ôl hanner can mlynedd,' meddai, 'prin y medrwn i gredu fy llygaid. Roedd fel petai popeth yr un fath, ac eto wedi'i weddnewid. Yr un to gwellt, ac eto ddim yr un gwellt o gwbl. To i ddenu ymwelwyr oedd hwn. Yr un buarth, ond eto ddim yr un buarth. Tarmac taclus dan draed yn lle cawdel llychlyd fferm brysur.'

Y gŵr a ddaeth i'r drws oedd Tomás, mab Máire a Tomás. Mae'r Tomás hwn i'w weld yn y ffilm yn blentyn pedair blwydd oed yn chwarae gyda'i chwaer wrth draed ei fam. Fe yw'r un a arhosodd yn yr hen gartref. Fe yw'r un a briododd ferch leol, ac a fagodd ei blant i barchu'r hen bethau. Ond mae ei fywyd e a bywyd ei dad mor wahanol ag y mae modd i ddau fywyd fod. Bywyd caled oedd bywyd ei dad: gofalu am y cae tatws a'r llysiau, ac ychydig o anifeiliaid. Troi'r cae gyda'i ddwylo unwaith bob saith mlynedd, a gwymon o'r môr yn wrtaith. Cario popeth trwy nerth bôn braich i mewn ac allan o'r cae. Llafur trwm, diddiwedd. Ac fel hyn yr oedd ei gyndeidiau wedi byw ers cyn cof.

Gofalu am dri deg saith o dai gwyliau oedd gwaith Tomás, y mab, a helpu ei wraig Neansei gyda'r busnes gwely a brecwast. Roedd mynd mawr ar y tai gwyliau, oedd yn dod â rhent o £550 yr wythnos yn yr haf a £190 yr wythnos yng nghanol gaeaf. O'i gymharu â bywyd ei dad, dyma fywoliaeth fras a chysurus.

Ond hanes bywyd ei chwaer, Peig, a'i merch hi, Niamh, a swynodd John fwyaf. Roedd Peig wedi ennill ysgoloriaeth i fynd i goleg, y gyntaf o'r teulu i gael mynd – ond ddaeth hi ddim yn ôl i An Spidéal. Ar ddiwedd ei chwrs ymarfer dysgu yn Nulyn, cafodd swydd yn y brifddinas ac arhosodd yno, gan briodi a magu teulu. Roedd hi'n digwydd bod yn aros yn yr hen gartref yn An Spidéal ar unwaith â ni, a chawsom gyfle i ddod i'w hadnabod. Gwraig hyfryd, hunanhyderus, smart yr olwg gyda'i gwallt ffasiynol, ei dillad moethus a'i sgwrs soffistigedig, ac yn gwmni difyr.

Roedd Niamh hefyd wedi bod trwy goleg, ac wedi cael swydd ar staff adran newyddion y sianel deledu Wyddeleg oedd ar fin agor yng Nghonnemara. Roedd hithau yn An Spidéal yn ystod ein harhosiad ni, ac ar hanner cael ei hyfforddi ar gyfer y swydd newydd o fewn tafliad carreg i hen gartref y teulu. Y fam wedi croesi Iwerddon i chwilio am waith, a'r ferch wedi croesi i'r cyfeiriad arall i'r union bentref a adawyd gan ei mam. Roedd hi'n dysgu am gymhlethdodau technegol y stiwdio deledu fodern a godwyd y drws nesaf bron i'r bwthyn to gwellt lle bu ei thaid yn cario llwythi o datws ar ei gefn ddwy genhedlaeth ynghynt.

Byddai John yn sôn yn aml am anferthedd y naid honno. Llamu o ffermio yn null Oes yr Haearn i reoli stiwdio deledu, mewn llai na hanner can mlynedd. Rhyfeddai fod y naid wedi ei gwneud, i bob golwg, heb straen na thyndra o fewn y teulu. Byddai'n defnyddio hanes yr Indiaid Cochion fel enghraifft o bobl a wnaeth rywbeth tebyg, ond nid heb aberth. Cael eu llusgo o Oes y Cerrig i Oes y Cyfrifiaduron mewn llai na phum cenhedlaeth oedd hanes yr Indiaid Cochion. Ond, yn eu hachos nhw, roedd y llwybr wedi ei staenio gan erchyllterau enbyd: alcoholiaeth, cyffuriau, salwch meddwl ac anobaith. Byddai John yn trafod hyn gyda Peig. Y cyfan a ddywedai hi oedd ei bod yn meddwl, ambell waith, fod popeth yn newid braidd yn rhy sydyn.

Yn ail hanner *Tir na n-Og* mae John a Geoff Charles yn mynd i'r ffair yn Galway. Cawn bortread hyfryd o brysurdeb a chynnwrf y diwrnod. Pawb yn helpu i godi mochyn ar drol. Canolwr yn ceisio cael dau ffarmwr i daro bargen. Un o'r ddau yn orawyddus i roi'r slap ar gledr y llall i selio'r fargen. Y llall yn cau ei law yn ddwrn tyn. Ffermwyr o Ynysoedd Aran mewn cotiau glaw smart, yn ei lordio hi braidd dros ffermwyr y tir mawr. Ac ar gyrion y ffrâm, y gwragedd yn gwylio, pob un yn ei siôl ddu. Mae'r camera'n aros ar un hen wraig sy'n pwyso'n drwm yn erbyn wal, ei hwyneb yn grychau dwfn a siôl ddu am ei hysgwyddau. Y bargeinio a'r hwsmona yn rhuthr o'i chwmpas, a hithau fel petai'n amgyffred dim.

Mae golygfa arall yn dangos gwraig a allai fod yn unrhyw oedran rhwng deg ar hugain a thrigain, ei siôl ddu wedi ei lapio am ei phen, yn brysio i lawr at gwrwgl oedd newydd lanio, a phrynu ychydig o fecryll oddi wrth y pysgotwr. Roedd hi'n droednoeth ac yn cerdded ar hyd y creigiau fel petai hi wedi hen arfer bod heb esgidiau.

Rywbryd yn ystod ein dyddiau yn An Spidéal, eisteddodd John i lawr gyda'r hen wraig, Máire (y fam yn y ffilm), i wylio'r ffilm unwaith eto. Iddi hi roedd y profiad yn bleser ac yn boen. Roedd ei gŵr wedi marw flynyddoedd lawer ynghynt, yn ddyn cymharol ifanc. Nawr, dyma'r ddau yn ôl gyda'i gilydd yn y blynyddoedd llawen, yn ifanc yng nghanol eu gwaith ar y fferm, a'r plant o'u cwmpas. Mi ffilmiais innau John a hi, a recordio'r sgwrs. John sy'n siarad gyntaf.

'Do you recognise her?'

'I do, I do.'

'You were younger then.'

(Dim ateb, dim ond gwên.)

'Do you miss the old days, or are you glad they are over, because they were hard times, weren't they?'

'I didn't see anything hard.'

'You didn't?'

'No. I was happier then.'

'Happier?'

(Ei gwefus yn crynu wrth ateb) 'Yes.'

'There's Wil Vaughan on the right and . . . '

'There's my husband in the middle and my father on the other side. There we are, all three together.'

(Mae'n sychu'i llygaid.)

'What do you miss from the old days?'

(Tawelwch. Yna, yn araf ...)

'There'll be lots of things that I miss. Not the same way.

Things are not the same way. You don't sit at the hearth and look into the fire. And burn all your thoughts there.'

I mi, roedd hyn fel petawn i'n clywed adlais o hen ffordd o fyw na wyddwn i bron ddim amdani. Trodd y sgwrs o fod yn gwestiwn ac ateb i ymgomio tawel am yr hen ddyddiau. Sylweddolais fod John yn adnabod y bywyd hwnnw yn iawn. Os rhywbeth, roedd yn hŷn na'r hen wraig. Yn ei hunangofiant, *Yr eiddoch yn gywir*, mae'n disgrifio Tyddyn Cethin yn Llangybi, y fferm a rentwyd gan ei dad a'i fam ar derfyn y Rhyfel Byd Cyntaf, fel 'chwech ugain o aceri llwm' – a John ei hun wedi'i eni a'i fagu 'ar ddyddyn deg acer a thrigain' ei daid a'i nain yn Nhyddyn Bach, Pencaenewydd gerllaw. Fyddai bywyd yn y tyddyn ar lan y môr yn Gaeltacht Connemara ar ddiwedd yr Ail Ryfel Byd ddim mor wahanol â hynny i'r bywyd yn nhyddynnod Eifionydd ar ddiwedd y Rhyfel Byd Cyntaf pan oedd e'n blentyn.

Sylweddolais fod John yntau wedi neidio o Oes yr Haearn i ganol technoleg y stiwdio deledu fodern, ond, yn ei hanes e, roedd hyn wedi digwydd, nid mewn dwy genhedlaeth ond mewn un.

Doedd dim byd sentimental yn John. Yn wir, i'r gwrthwyneb, roedd yn gas ganddo sentiment. Ond ambell waith, byddwn yn meddwl fy mod yn clywed nodau dwfn o hiraeth ac o golled yn ei sgwrs, fel petai'n gwybod fod y pethau gorau wedi peidio â bod. Hwyrach mai nodau oedd y rhain a glywodd wrth eistedd ar yr aelwyd yn Nhyddyn Bach, ac edrych i'r tân, a llosgi ei holl feddyliau ynddo, dros wyth deg o flynyddoedd ynghynt.

Cysgodion
16 Medi 1983

Gyda chynhadledd yr SDP gwasgarog drosodd a'r gwae yn dychwelyd ar Dyrus a Seidon fel mae Libanus yn bygwth mynd mor ddarfodedig â'i chedrwydd a'r lladd-dy mawr llawchwith gynlluniedig ar Ynys Mon, rydw i heddiw am fynd â chi am dro i'r pictiwrs. Hynny ydi, os medra i ffeindio sinema sydd â'i sgrin yn dal ar i fyny, gan mai'r Sadwrn hwn y bydd sinema'r City, ym Mangor, yn cau am byth. Yno y gwelais ac y clywais i'r llun llafar cyntaf erioed – Al Jolson, dwi'n meddwl. Y City oedd y sinema gyntaf a oedd o fewn fy nghyrraedd i i ddangos y fath ryfeddod. Mae sinema'r County, lle cynhaliwyd Eisteddfod Genedlaethol mil naw pedwar tri a lle bu adran adloniant y BBC yn darlledu'n helaeth trwy'r rhyfel, wedi cau ers llawer dydd a bellách dim ond un sinema sydd ar ôl yn y ddinas – ac mae dyfodol honno yn y fantol.

Yng Nghaernarfon, hefyd, mi fydd sinema ola'r dre – y Majestic – yn cau ei drysau ddiwedd y mis. Yr olaf o dair. Mae'r Empire wedi mynd at y Bingo ac ati, a'r Guild Hall – pictiwrs gwerin liwgar y dref – wedi'i hen ddymchwel. Yno y byddai Mrs Davies yn llywodraethu'n freninesol. A phan fyddai'r cofis bach yn lluchio crwyn orenau – a phethau mwy solat – o'r oriel, am ben y dyrfa islaw wrth iddi hi esgyn i'r llwyfan i ymddiheuro am fod y ffilm wedi torri neu'r ffilm fawr heb gyrraedd, mi fydda 'no hen le.

Erbyn hyn, yn wir, dim ond rhyw bedwar ugain o sinemâu – lle bu gynt gannoedd – sy'n dal i ddangos y darluniau byw i gyhoedd Cymru gyfan.

Mae dyddiau llewyrchus y sgrin fawr pan oedd actorion

Hollywood yn dduwiau ac yn dduwiesau ar ben, ond mi rof i chi gip ar hanes bywyd un o'r mân-dduwiau, a hynny o'i hunangofiant a gyhoeddodd yn America ddeunaw mlynedd yn ôl; cyfrol y cafodd help i'w hysgrifennu mewn arddull Americanaidd arwynebol.

Fe'i ganed ar yr unfed ar ddeg o Chwefror, mil naw un un, yn nhre fechan Tampico yn Illinois. Ei dad yn Wyddel pur, yr ymfudodd ei rieni i America. Teulu tlawd iawn, a'r tad yn gweithio – pan oedd 'na waith – mewn siop esgidiau, ac yn hel diod yn helaeth, pan fedrai. Amser y dirwasgiad mawr oedd hi, a'r teulu'n gorfod symud o dre i dre i chwilio am waith.

Prif ddiddordeb y mab, fe ymddengys, oedd ceisio chwarae pêl-droed Americanaidd – y cyfuniad rhyfedd hwnnw o ryw fath o rygbi ac o'r gornestau rhwng hen farchogion yn eu cyflawn arfogaeth mewn twrnamaint.

Mi ddysgodd nofio'n weddol dda a thrwy gael gwaith fel achubydd mewn pyllau nofio mi fedrodd gynilo digon o arian i fynd i'r hyn mae o'n ei alw'n goleg. Does 'na fawr ddim sôn am ei addysg yn y fan honno – dim ond am ei ymdrechion i fynd i dîm pêl-droed y sefydliad yma o ddau gant a hanner o ddisgyblion. Doedd y ffaith ei fod yn ddifrifol fyr ei olwg ddim yn help. Mi fu hefyd yn actio'n achlysurol yng nghwmni drama'r lle.

Trwy ddamwain, a help cyfaill, mi lwyddodd i gael gwaith yn un o'r cannoedd o orsafau radio lleol i roi sylwadaeth ar bêl-droed Americanaidd a *baseball* – a alwem ni'n 'rowndars'. Ac oherwydd ei hoffter o geffylau, medda fo, mi ymunodd, yn ei oriau hamdden, â chatrawd y gwŷr meirch a dod yn Lefftenant.

Trwy lwc a help, unwaith eto, mi gafodd ei drwyn i mewn i Hollywood. Chyrhaeddodd o mo'r brig ond mi fu mewn rhyw hanner cant o ffilmiau, rhai cowboi a phob math, ac ambell un yn ffilm weddol. Yn Hollywood yr ymladdodd y Lefftenant y rhyfel yn gwneud ffilmiau i'r fyddin. Ond cyn hyn bu'n llywydd un o undebau'r actorion, nad oedd o'n undeb llafur go iawn o gwbwl. Ac mi argyhoeddodd ei hun mai'r Comiwnyddion oedd y tu ôl i'r holl helbulon diwydiannol mawr fu yn Hollywood. Eu nod nhw, medda fo, oedd meddiannu a defnyddio'r diwydiant ffilmiau nerthol i'w pwrpas eu hunain – er nad ydi o'n deud sut mae'r fath beth yn bosib.

Mi barhaodd i weld Comiwnyddion o dan bob gwely, ac wedi'r rhyfel pan oedd teledu'n lladd Hollywood mi fu am wyth mlynedd yn rhyw fath o gysylltydd rhwng cwmni enfawr General Electric a'i weithwyr yn ei ffatrïoedd ledled America. Mewn hanner tudalen yn y fan hyn mae'n cofio ei fod wedi priodi, fod ganddo ddau o blant, ei fod o wedi cael ysgariad, ac ailbriodi actores a chael dau blentyn arall – rhwng ymlid Comiwnyddion!

A beth ddigwyddodd i'r creadur yn y diwedd? Wel – mi ddaeth yn Arlywydd Unol Daleithiau America.

John Roberts Williams, O Wythnos i Wythnos
(Cyhoeddiadau Mei, 1987)

LLUNIAU CENEDLAETHOL

"Y CYMRO"

YN CYFLWYNO

YR ETIFEDDIAETH

Darlun na raid i ni fel cenedl fod gywilydd ohono.—"Radio Cymru."

Here is truly seen the nation in miniature.—"News Chronicle."

YR ETIFEDDIAETH has most of the virtues and some of the disabilities of the national characteristic of amateurism.—"Manchester Guardian."

Many fine scenes of sea and countryside.—"Daily Herald."

Made by Welshmen in the Welsh language, in which all the actors are Welsh people going about their job.—"Daily Mirror."

It captures a picture of Welsh life that would possibly have lost, in the hands of skilled cinematicians, in understanding and sympathy what it gained in slickness.—"News Review."

TIR NA N-OG

Cipdrem ar fywyd gwladaidd a syml ein cefndrydd Gwyddelig sy'n dal i siarad hen iaith eu gwlad ar y tir caregog a llwm rhwng Bae Galway (y sonnir amdano yn y gan boblogaidd) a'r fawnog lom sy'n ymestyn am filltiroedd dros orllewin eithaf Iwerddon.

Y DYRFA'N CADW GWYL

Ffilm o wyliau'r bobl—o bob math, gan gynnwys chwaraeon—yw hon. Ar y funud ei chynnwys yw golygfeydd pan gyhoeddir yr Eisteddfod Genedlaethol a darlun mewn lliw o wyl gydwladol yn Madrid. Teithiodd cynrychiolaeth gref o Gymru i'r wyl hon yn Sbaen. Ychwanegir yn helaeth at y ffilm hon yn ystod y gaeaf hwn.

MYND I'R WASG

Pan fydd y darlun byr hwn yn barod, gyda hyn, dengys oddi wrth luniau a dynnwyd yng ngwasg "Y Cymro" sut y paratoir ac yr argreffir papur newydd modern.

TYNNWR Y LLUNIAU

GEOFFREY CHARLES

CYFARWYDDWR AC AWDUR

J. ROBERTS WILLIAMS (John Aelod Jones)

Tudalen gyntaf taflen a luniwyd gan John Roberts Williams i hysbysebu ffilmiau Yr Etifeddiaeth a Tir na n-Og, ac i roi rhaghysbysiad am ddwy ffilm arall yr oedd Geoff Charles ac yntau'n bwriadu gorffen eu paratoi 'yn ystod y gaeaf hwn' (1949–1950).

Geiriau agoriadol sylwebaeth ffilm
Yr Etifeddiaeth – a lefarwyd gan Cynan

Freddie Grant gynt o Lerpwl, yn awr o Gymru. Ar frig y don y daeth Freddie i Gymru, y don a olchodd o eithafoedd y ddaear hyd eithafoedd y ddaear, pan derfysgodd y cenhedloedd ym 1939 ac a ysgubodd Freddie bach yn ei chymhlethdod paradocsaidd o'r niwl i'r nef. O enbydrwydd tymhorol y ddinas Seisnig daeth y Sais bach tywyll hwn i'r heddwch diderfyn Cymreig. Cadwodd y Saeson eu dinas ond cadwodd Cymru Freddie. Fe'i gorchfygwyd gan y Cymreigrwydd na ddisodlwyd mohono eto gan un gelyn. Daeth yn rhan o'r etifeddiaeth a gadwyd mor drafferthus trwy'r trofaus ganrifoedd, daeth yn Gymro, yn Gymro glân ei iaith a bratiog ei Saesneg. Daeth Hen Wlad Fy Nhadau yn annwyl iddo yntau.

[John Roberts Williams, 1949]

Sefydlwyd Archif Ffilm a Fideo Cymru (ei henw gwreiddiol) ddeugain mlynedd ar ôl y dangosiad cyntaf o'r *Etifeddiaeth*, ac wrth gwrs fe ddaeth y ffilm arloesol yn un o drysorau'r casgliad. Ond diymhongar, bron hyd at rwystredigaeth, oedd ymwneud John â'r Archif bob amser, gan geisio'n darbwyllo yn y nawdegau cynnar mai 'hap a damwain' oedd y ffaith i Geoff Charles ac yntau saethu cymaint o agweddau ar fywyd Eifionydd oedd ar fin diflannu – er bod Geoff ar yr un pryd yn dweud wrthym gymaint o sbardun i John fu'r newydd bod Butlin's, gyda'i fygythiad amlwg i'r diwylliant lleol, ar ei ffordd i Bwllheli. A gallai Geoff yntau fod yn ddireidus ddibris o'i gyfaill, gan ddweud fwy nag unwaith mai 'cario'r treipod' oedd rôl John – ac, yn fwy defnyddiol, 'iwsio'r treipod i ladd nadroedd' yn Llŷn!

Ond er mor anodd oedd cael John i gydnabod ei gamp, cafodd weld yn glir y bri a roddai ei gyd-Gymry ar ei gyfraniad pan ddadorchuddiwyd y plac i'r *Etifeddiaeth* yn ysgol Llangybi adeg canmlwyddiant y sinema, ac wedyn pan ddyfarnwyd Gwobr Anthony Hopkins iddo ef a Geoff yn 2000 am eu cyfraniad i faes ffilm yng Nghymru.

Mwy na chario treipod, a dim na hap na damwain amdani.

Iola Baines

O feddwl ei fod yn ddarlledwr ac yn newyddiadurwr, roedd John Roberts Williams yn syndod o swil a diymhongar. Fe fyddai'n ymweld â'r Llyfrgell Genedlaethol o dro i dro yng nghwmni Dyfed Evans. Weithiau fe fyddai'n tynnu'n sylw ni at y ffaith fod rhai o'r disgrifiadau lliwgar yr oedd Geoff Charles wedi'u cofnodi ar dâp am hynt a helynt gwneud ffilmiau'r Cymro (megis *Yr*

Etifeddiaeth a *Tir na n-Og*) yn – wel, sut ddwedwn ni? – rhy lachar braidd! Ond pan aeth hi'n fater o geisio cael John i ddatgelu mwy ar ei fersiwn ef o'r hanes, fe fyddai'n troi'r stori – rhag creu stŵr na brifo teimladau neb, mae'n debyg. Yn y diwedd, fe hanner-gytunodd i wneud cyfweliad pellach ar hanes y ddwy ffilm ar gyfer y Llyfrgell ond, gwaetha'r modd, fe ddaeth y diwedd yn rhy sydyn o lawer, a'n gadael ni efo'n tâp gwag.

IESTYN HUGHES

GOLYGYDD NEWYDDION TELEDU CYMRU

TELEDU CYMRU

GWYN LLEWELYN

'Bu'n anturiaeth drychinebus yn y diwedd, ond mi ddywedaf hyn yn bendant iawn – pe gwyddwn ddiwedd y stori cyn iddi ddechrau, mi a ddymunwn fod yn rhan ohoni.' Geiriau John yn y bennod o'i gyfrol *Annwyl Gyfeillion* sy'n trafod yn hynod ddifyr yr hyn a eilw 'y fenter breifat fwyaf yn hanes yr iaith Gymraeg'. Y fenter honno oedd sefydlu Teledu Cymru – pennod na ŵyr cenhedlaeth newydd o ddarlledwyr ddim amdani. Ond, am un cyfnod o ddeng mis yn pontio 1962 a 1963 fe fodolai, yng Nghaerdydd, gwmni teledu masnachol a fyddai, pe bai wedi byw, wedi dileu'r rheidrwydd am yr ymgyrch i sefydlu S4C ugain mlynedd yn ddiweddarach.

John Roberts Williams, yn syth o fod yn olygydd *Y Cymro*, oedd golygydd newyddion y cwmni hwnnw; ei ddirprwy oedd T. Glynne Davies. Ac roedd i minnau fy rhan. 'Is-olygydd newyddion – nid gohebydd – Teledu Cymru oedd Gwyn Llewelyn,' meddai John yn un o'i sgyrsiau *Dros fy Sbectol* lled ddiweddar, wrth gywiro ambell fanylyn mewn astudiaeth ysgolheigaidd a oedd newydd ymddangos yn cloriannu'r fenter. Mewn gwirionedd, ni pharhaodd Teledu Cymru yn ddigon hir i gyflogi unrhyw ohebydd.

Mater o fod yn y lle iawn ar yr adeg iawn oedd yn cyfrif i mi gael fy ngwahodd i'r gorlan. *Serendipity*, ys dywed y Sais. Damwain ffodus. Ychydig oedd yn meddwl am fudo i Gaerdydd yn y chwedegau cynnar – llai fyth i ymhél â newyddiadura yno. Ac yn fy ieuenctid ffôl doeddwn i ddim yn sylweddoli arwyddocâd yr alwad ffôn a'm deffrodd o drwmgwsg canol dydd ar ôl shifft nos ar y *Western Mail* un bore yn haf 1962. T. Glynne oedd yno yn gofyn i mi ei gyfarfod ar frys – heb fawr mwy o eglurhad na hynny. Roeddwn i eisoes yn adnabod Glynne, ond dyna'r tro cyntaf i mi gyfarfod John. Feiddiais i erioed alw'r naill na'r llall yn ddim byd ond 'chi'.

Mewn dim o dro roeddwn i'n rhannu swyddfa â nhw, a buan y cefais ar ddeall nad oedd 'na, yn nheyrnas newydd John, y fath beth â 'newyddion'. 'Rhyw newydd?' neu 'Pa newydd?' oedd pobl yn gofyn i'w gilydd ar lafar gwlad, medda fo, felly 'Dyma'r newydd' fu cyfarchiad nosweithiol y darllenydd, Robin Jones, drwy gydol oes fer y gwasanaeth. Ond wnaeth hynny ddim gafael chwaith. Bwletinau 'newyddion' a gawn ni hyd heddiw o bob ffynhonnell arall.

Led desg oddi wrtho, fe dybiech chi y byddwn i'n gweld John bob dydd. Ond fyddai hynny ddim yn wir! Oherwydd o dipyn i beth fe dyfai mur rhyngddo a'r gweddill ohonan ni. Yn llythrennol felly! Dros ei grogi y taflai yr un dim. Dim ond gadael i bapurach bentyrru ar ei ddesg nes iddo fo'i hun ddiflannu y tu ôl i'r pentwr. Yn y man, ac yn anochel, fe ddeuai'r diwrnod pan âi disgyrchiant yn drech, ac y syrthiai'r cyfan yn un pentwr blêr i'r llawr. Dyna'r amser i gael gwared â'r cyfan – a dechrau eto. Dyna'i ddull o ffeilio. Ei resymeg oedd, gan na welodd yr angen am ddim a ddigwyddai fod ar waelod y pentwr, sut y gallai fod o dragwyddol bwys? Ysgwn i pa berlau, sawl nodyn neu lythyr o law wedi hen lonyddu a daflwyd i'r bin yn ystod y misoedd hynny? Efallai y dylwn fod wedi eu cadw, fel y gwnes flynyddoedd wedyn gadw bocseidiau o dapiau *Dros fy Sbectol* cyn i'r rheiny gael eu taflu i finiau Bryn Meirion ym Mangor.

'Anturiaeth drychinebus yn y diwedd,' meddai cymal cyntaf y frawddeg o'r gyfrol *Annwyl Gyfeillion* a ddyfynnais ar y cychwyn. Ond rhwng y dechrau a'r diwedd hwnnw, anturiaeth ddigyffelyb oedd hi, iddo ef ac i ninnau i gyd a gafodd y fraint o gydweithio efo fo. A serch fod John yn dweud (yn *dal* i ddweud hyd y diwedd) mai dyn papur newydd oedd o yn bennaf oll, gan ymhyfrydu gyda'r mymryn lleiaf o ymffrost na fu erioed yn berchen camera, roedd o'n deall ei gynulleidfa ac yn gwybod sut i sgwrsio efo hi – nid i 'siarad ati', fel y clywais o'n dweud sawl tro. Roedd hynny'n gwneud y siom yn gymaint mwy pan fethodd 'y fenter fawr'. Yn 1982, gyda llaw, *Y Fenter Fawr* roddwyd yn deitl i ddwy raglen (un radio ac un deledu) a gynhyrchwyd gan Wyre Thomas a'r diweddar Deryk Williams ar ugeinfed pen-blwydd sefydlu'r cwmni bach byrhoedlog.

Gellir cynnig sawl rheswm dros fethiant Teledu Cymru – dim un ohonyn nhw i'w briodoli i ddiffyg ymroddiad na brwdfrydedd y staff; yn hytrach, rhesymau gwleidyddol, rhai ymarferol, yn ogystal ag un naturiol.

Roedd yr holl diriogaeth a neilltuwyd i Deledu Cymru – neu Wales (West & North) Television, a defnyddio'r teitl Saesneg swyddogol (a sylwch ar y ddeuair o fewn y cromfachau!) – yn cael ei gwasanaethu eisoes gan Granada yn y gogledd a chan TWW yn y de: y ddau gwmni, bryd hynny, yn cynhyrchu rhaglenni Cymraeg. Cwmni masnachol oedd Teledu Cymru yntau ond tenau, a thlodaidd, oedd poblogaeth y rhannau o'r wlad a neilltuwyd i'r cwmni, ac yn annhebygol felly o ddenu hysbysebwyr. Trosglwyddydd y Preselau ym Mhenfro oedd yr unig un a ddarlledai pan lansiwyd yr orsaf ar 14 Medi 1962. Daeth y gaeaf i ohirio'r gwaith ar fast Nebo, ac roedd y cyfan drosodd toc ar ôl comisiynu'r olaf o'r trosglwyddyddion ar Foel y Parc yng Nghlwyd.

Ar ben hyn oll, cafwyd y gaeaf caletaf ers blynyddoedd, ac eira a'm cadwodd i'n gaeth i Gaerdydd am y cyfnod hwyaf drwy gydol y pymtheng mlynedd a dreuliais yno. Wnaeth fawr neb ohonom rag-weld y byddai'n cau fel amdo am ein bywoliaeth. Onid oedd yr ITA, a reolai deledu masnachol ym Mhrydain ar y pryd, wedi rhoi sêl ei fendith i godi, yng Nghaerdydd, y stiwdio deledu fwyaf modern yn Ewrop? A hynny, cofier, pan oedd TWW ar draws caeau Pontcanna yn darlledu o hen dŷ fferm, a'r BBC o hen gapel yn Newport Road ym mhen arall y brifddinas.

Rhan o'r gwallgofrwydd, meddai rhai ar y pryd. Ond yn sgil y gwaith ymchwil a wnaed wrth baratoi rhaglenni *Y Fenter Fawr* ar ddechrau'r wythdegau, cafwyd achlust y gallai fod rhesymeg y tu ôl i'r ffolineb: mai bwriad y llywodraeth yn y man (oherwydd un o gyrff enwebedig y llywodraeth, wedi'r cwbl, oedd yr ITA) fyddai cyfyngu tiriogaeth darlledu TWW i orllewin Lloegr yn unig a chyfyngu Granada yn yr un modd i ogledd Lloegr, ac ar yr un pryd atal eu harlwy o raglenni Cymraeg. Cymru gyfan wedyn fyddai libart y cwmni newydd. Ond y gwirionedd oedd nad oedd yn bosib, tra parodd y cwmni, gweld rhaglenni Teledu Cymru hyd yn oed yn union y tu allan i furiau'r stiwdio yn Western Avenue yng Nghaerdydd. Nid yn unman, yn wir, ac eithrio un gornel fach o Gymru – ardal y Preselau. 'Y gwyliwr agosaf dros hanner can milltir i ffwrdd yn y gorllewin pell,' fel y dywedodd John.

O edrych yn ôl mae'r cyfan yn gwneud sens, ac fe fyddai hanes teledu yng Nghymru wedi bod yn dra gwahanol pe bai wedi llwyddo – yn enwedig o gofio bod Gwynfor Evans yn un o gyfarwyddwyr gwreiddiol y cwmni newydd.

Ond gyda'r methiant, a chwalfa'r freuddwyd a'i denodd gyda'i deulu o Groesoswallt i Gaerdydd – a hynny ar adeg pan oedd Gwen, ei briod, yn gwaelu – wnaeth John ddim suro. Doedd hynny ddim yn ei natur. A welais i erioed mohono fo'n gas. Ond *roedd* o'n ymholwr, yn amheuwr cymhellion, yn daranwr yn erbyn yr hyn a welai fel anghyfiawnderau, ac, wrth gwrs, yn un a garai'r 'Pethe' – ac yn hynny o beth, fel y cytunai pawb a'i hadnabu, yn fwy nag odid neb.

* * *

Mynnodd John mai fi oedd i ddarllen bwletin newyddion (ynteu 'newydd'?!) olaf Teledu Cymru bythefnos cyn y Sulgwyn, 1963. Mewn haf arall, bron ugain mlynedd yn ddiweddarach, y daeth ei *Heddiw* hoff gyda'r BBC i ben. Gyda Beti George, y fi a gyflwynai'r rhaglen honno hefyd yn ei blynyddoedd olaf. Ond marw i fyw wnaeth *Heddiw* – yn yr un modd, mewn gwirionedd, ag y gwnaeth yr *Heno* a grewyd ganddo ar Deledu Cymru ers talwm, oherwydd, yn anuniongyrchol, y rhaglen honno a esgorodd yn y man ar *Y Dydd* a *Newyddion Saith*, ac ie, bellach, ar *Wedi Saith* hefyd.

Pan ddaeth hi'n amlwg fod dyddiau Teledu Cymru ar ben, fe geisiais am swyddi gyda sawl papur newydd. Ond nid gyda'r *Western Mail*, y papur yr oeddwn wedi ei adael ddeng mis ynghynt (ar ôl cwta bedwar mis fel ei is-olygydd ieuengaf) i ymuno â Theledu Cymru. Doedd gen i mo'r wyneb i fynd, a nghap yn fy llaw, ar ofyn y papur hwnnw. Ond, er mawr syndod, o'r *Western Mail* y daeth galwad a chynnig i ail-ymuno. Ar yr un pryd dyma gael cynnig i fynd at *Y Cymro* i Groesoswallt. Wedi cael blas ar y bywyd dinesig yng Nghaerdydd, roedd y dewis yn amlwg.

Alla i byth brofi'r peth, wrth gwrs, ond dros y blynyddoedd tyfodd yr amheuon mai ôl John oedd ar y naill gynnig a'r llall. Dan ei adain roeddwn i eisoes, yn un ar hugain oed, wedi cael cychwyn ar yrfa ddarlledu sydd wedi para, gydag un bwlch bach, am bum mlynedd a deugain. Allai'r un newyddiadurwr ifanc fyth fod wedi cael cychwyn gwell.

Teledu Cymru

Un o anturiaethau mwyaf diddorol fy mywyd oedd ymuno â'r cwmni teledu masnachol hynod Gymreig hwnnw – Teledu Cymru. Dyma'n ddiau y fenter breifat fwyaf yn hanes yr iaith Gymraeg, canys y symbyliad oedd derbyn sialens cyfrwng newydd sbon, meistroli a defnyddio'r cyfrwng i hybu'r iaith ar yr aelwyd. Bu'n anturiaeth drychinebus yn y diwedd, ond mi ddywedaf hyn yn bendant iawn – pe gwyddwn ddiwedd y stori cyn iddi ddechrau mi a ddymunwn fod yn rhan ohoni.

Yr oeddwn wedi treulio crynswth fy mywyd gyda'r achosion gweiniaid, neu'n ceisio codi rhywbeth ar ei draed. Wyddwn i ddim ar y pryd fy mod ar fin dod yn rhan o'r achos gwannaf un.

O edrych yn ôl prin yr oedd gan y cwmni siawns o'r cychwyn cyntaf. Diau y priodolir ei fethiant i bob math o bethau. Efallai na ddylesid bod wedi gwario ar adeilad newydd sbon yn Western Avenue yn hytrach na chychwyn yn rhatach mewn hen adeilad wedi ei addasu; efallai nad oedd digon o gyfalaf o'r tu ôl i ddal ymlaen yn ddigon hir i gyrraedd glan – a llawer efallai arall. Ond y gwir yw hyn – nid oedd y diriogaeth a neilltuwyd ar gyfer y cwmni yn ddigon clòs ac yn ddigon cyfoethog i gynnal ymgais fasnachol fel hon. Yr oedd ardaloedd diwydiannol y de, o Abertawe i Went, yn nwylo TWW. Yr oedd Granada yn ymestyn dros ranbarth diwydiannol a threfi glan môr y gogledd. A dim ond un trosglwyddydd – ym Mhreseli – oedd yna pa'r un bynnag.

Meddyliwch am y peth. Y stiwdio yng Nghaerdydd yn methu â chael llun ar set gyffredin o'r rhaglen oedd yn mynd allan o'r stiwdio honno. Gweithwyr y cwmni yn methu â gweld rhaglenni'r cwmni yn eu cartrefi. Y gwyliwr agosaf dros hanner can milltir i ffwrdd yn y gorllewin pell.

Yn ychwanegol at hyn roedd yna bropaganda helaeth yn y wasg Saesneg yn erbyn y cwmni, a'r awgrymiadau parhaus yn cael eu gwneud mai Cymraeg yn unig oedd ar setiau'r cwmni hwn.

Fe fu anffodion hefyd. Fe drodd yn aeaf anarferol o stormus ac yna daeth yn eira mawr am wythnosau. Golygodd oedi yng nghodi'r trosglwyddydd yn Nebo yn Arfon ac oedi mwy trychinebus fyth cyn i'r mast ym Moel y Parc sefyll ar ei draed – a phan gododd hwnnw yr oedd hi eisoes yn rhy ddiweddar. Methodd y cwmni â chael y lluniau ar setiau digon o gartrefi yn ddigon buan. Ni lwyddwyd i fynd yn agos at y can mil o setiau (a mwy) yr oedd yn rhaid eu cael os oedd yr hysbysebwyr yn mynd i dalu digon am ddigon o amser i gadw'r fenter ar ei thraed. Aeth Mamon yn drech na'r teledu.

Ond cyn i neb ddechrau sôn am y bobl fach a gollodd eu harian ac am wendidau a chamgymeriadau'r anturwyr gadewch i mi ddweud hyn – cyfarwyddwyr y cwmni yma oedd y bobl orau y bûm i'n gweithio iddynt erioed, ac fe fûm i'n gweithio i bobl reit dda. Ac os gweithiodd gweithwyr yn galed erioed i gwmni teledu, gweithwyr Teledu Cymru oedd y rheiny.

Ar wahân i ofalu am y newyddion byddwn i'n gyfrifol hefyd am raglen gyffredinol o hanner awr bob wythnos. Yr arian ar gyfer pob rhaglen oedd pum punt a deugain. Byddai Glynne [T. Glynne Davies] hefyd yn cynhyrchu rhaglenni cyffredinol gyda'r un faint o arian.

Yn y rhaglenni yma y gwnes fy unig gyfraniad i gerddoriaeth Cymru. Does gen i fawr o glust gerddorol – rwy'n hoffi ambell i sŵn, a dyna'r cyfan. Un diwrnod yr oeddwn ar ymweliad â gwraig yr oeddwn yn ei hanner addoli – Dora Herbert Jones. Yr oedd y tân a losgai oddi mewn iddi a'i llais a'i theimladrwydd yn fy swyno i. Ym mharlwr ei chartre yn Tregynon, a phob cyfrol a gyhoeddwyd yng Ngwasg Gregynog yn oludog ar ei silffoedd, yr oedd ar gefn ei cheffyl yn sôn am gasglu alawon gwerin. Soniodd am alaw nad oedd eiriau ar ei chyfer, a chanodd hi ar y piano. Fe'm llwyr swynwyd gan felodi'r alaw hon.

Ymddengys i feiolinydd o Almaenwr, Dr Malchair, glywed yr alaw gan rywun yng nghastell Harlech a rhoddodd gopi ohoni i Dr Crotch. Cyhoeddodd yntau'r alaw yn 1807 yn ei *Specimens of Various Styles of Music*. Dr J. Lloyd Williams sy'n rhoi'r dyddiad, ond y mae rhai dirgelion ynglŷn â hyn ac ynglŷn â chopi llawysgrif o waith Dr Malchair y dywed Llew Tegid iddo ei gael ym marchnad Bangor – ond gadawaf hyn i'r haneswyr.

Rhoddodd Dora Herbert Jones gopi o'r alaw i mi a phenderfynais y buasai'n werth chweil rhoi geiriau wrthi. Meddyliais y gallaswn fod yn ddigon o foi i greu rhai – ond doeddwn i ddim. Mi droais at Syr Thomas Parry-Williams, oedd yn un o gyfarwyddwyr Teledu Cymru, ac fe gytunodd ar unwaith i roi cynnig arni hi. Ei eiriau oedd 'Beth yw'r haf i mi' a chefais Anita Williams i'w chanu am y tro cyntaf yn un o'm rhaglenni.

Aeth llawer o bethau o'i le yn y pencadlys yng Nghaerdydd o'r rhaglen gyntaf. Ffilm oedd honno o ardal y Preseli sydd wrth droed y trosglwyddydd. Pan aed i'w golygu, cafwyd fod crafiad ar hyd y ffilm o'r dechrau i'r diwedd – wedi ei achosi gan nam ar y camera. Crafiad a ymestynnai dros fil o droedfeddi. Llwyddwyd i gael arbenigwyr yn Llundain i'w ddileu'n ddigonol i wneud y ffilm yn dderbyniol. Ac yna, dyna fynd ar yr awyr – a chanfod ymhen rhyw ddeng munud fod y ffilm yn cael ei dangos tu chwith. Daeth hyn yn amlwg i bawb pan ddechreuwyd dangos mynegbyst ac enwau pentrefi – a phob un tu ôl ymlaen. Bu'n rhaid stopio'r darllediad –

a rhoi'r ffilm ar yr awyr wedi ymddiheuriadau, yn ddiweddarach.

Wedi naw mis cwta o fywyd daeth y diwedd fel ergyd o wn. Bythefnos cyn y Sulgwyn 1963 dyma hysbysu'n swyddogol mai am bythefnos arall yn unig y byddai'r cwmni'n darlledu. Yr oedd pawb yn ddiwaith.

Yr oedd hi'n Sulgwyn poeth. Ddydd Sadwrn, yn ddiwaith, mi es â'r plant i weld India'r Gorllewin yn chwarae criced yn erbyn Morgannwg yng Nghaerdydd, a chael cip ar Wesley Hall a Gary Sobers a Rohan Kanhai yn nyddiau eu gogoniant.

John Roberts Williams, *Annwyl Gyfeillion*
(Gwasg Gomer, 1975)

Er taw dim ond cwmni bychan oedd Teledu Cymru, roedd yr adran newyddion yn un arbennig o gryf, gyda John Roberts Williams yn olygydd newyddion, T. Glynne Davies yn ddirprwy iddo, a Gwyn Llewelyn a Colin Thomas yn is-olygyddion. Mi fues i'n ffodus iawn i gael ymuno â'r cwmni fel Rheolwr Llawr.

Roedd yn ddigon naturiol i John, un o feibion Gwynedd, ddangos diddordeb mewn pêl-droed, ac ar sawl prynhawn Sadwrn mi fûm innau'n cadw cwmni iddo ym Mharc Ninian. Abertawe oedd fy nhîm i ers fy mhlentyndod, ond gan fod yr Adar Gleision wedi arwyddo fy eilun, Ivor Allchurch, y tymor hwnnw, roeddwn yn barod iawn i fynd gyda John. Roedd ei sylwadau wastod yn ddifyr tu hwnt, ac roedd yn 'darllen' gêm mewn ffordd athronyddol iawn. Mi ddysgais lawer wrth ei ochr.

Erbyn y mis Mehefin canlynol, roedd Teledu Cymru wedi gorffen gwneud rhaglenni, a chyn bo hir roeddem ni'n dau wedi ymuno â staff y BBC. Wn i ddim a oedd ei gyfrifoldebau fel golygydd y rhaglen *Heddiw* yn pwyso'n drymach ar ei ysgwyddau, ynteu a ddaeth e o hyd i gymydog oedd fymryn yn fwy gwybodus na fi, ond bu i'r siwrneiau i Barc Ninian ddirwyn i ben yn fuan iawn ar ôl hynny. A dydw inne heb weld Caerdydd yn chwarae ers y dyddiau hynny, chwaith!

PENNANT ROBERTS

CYNHYRCHYDD *HEDDIW*

CYFATHREBWR HEB EI AIL

GERAINT STANLEY JONES

Newyddiadurwr yn anad dim oedd John Roberts Williams – o ran anian, uchelgais, obsesiwn a dawn. Ond dros y blynyddoedd fe ddatblygodd hefyd i fod yn wneuthurwr ffilm rhyfeddol o arbrofol, ac yn ddarlledwr radio a theledu clir ei amcan a sicr ei grefft, a hynny dros gyfnod maith o'r chwedegau cynnar hyd at wythnos neu ddwy cyn ei farwolaeth ryw ddeugain mlynedd ar ôl hynny.

Fe lwyddodd i addasu ei reddfau, ei grefft a'i brofiad newyddiadurol, o gyfrwng inc a phapur i dechnoleg fwy annelwig a chymhleth y di-wifr a'r teledu – er gwaethaf ei ddiffyg diddordeb, dealltwriaeth, ac amynedd â thechnoleg y cyfryngau hyn.

Yn wir, o ddyn a oedd ar y cyfan yn fwyn a thawel ei ymddygiad tuag at bobol, fe allai droi'n anghenfil gorffwyll o flaen peiriant methedig, boed hwnnw'n declyn darlledu neu fodur diymgeledd. Trwy ddibyniaeth lwyr ar beirianwyr galluog a doeth, fe lwyddodd am flynyddoedd maith i anwybyddu cymhlethdodau peirianyddol. Fe wnâi John hynny mewn modd unigryw – gallai anwybyddu *pwy* bynnag a *beth* bynnag nad oedd at ei ddant, fel y dywedodd T. Glynne Davies amdano, 'drwy gario mlaen fel tae o ddim yn bod'.

Er bod cyfrwng lledaenu'r neges yn wahanol, yr oedd y broses o lunio, iddo ef, yr un fath hyd y diwedd – syniad, beiro, darn o bapur, arddull wreiddiol, gloywder iaith, a neges gwerth ei chyfathrebu. Yn ddi-ffael, fe fynegodd weledigaeth unigryw am y Byd a'r Betws oedd yn ffrwyth diwylliant eang soffistigedig, ehangder meddwl a phrofiad dwys y blynyddoedd ar y naill law, ac etifeddiaeth ardal ei fagwraeth ar y llaw arall – heb anghofio'r doniolwch smala a nodweddai ei bersonoliaeth a'i gyfraniad trwy gydol ei oes.

Pan gyfarfûm gyntaf â John yn y chwedegau cynnar, yr oedd yng nghanol cyfnod digon cythryblus yn ei hanes: yr oedd newydd golli ei swydd fel Golygydd Newyddion Teledu Cymru, wedi i'r cwmni hwnnw fynd i'r wal. Ac fel petai hynny ddim yn ddigon, yr oedd ar yr un pryd yn ceisio ymgodymu â gofid llawer gwaeth yn dilyn y newydd difrifol am natur salwch ei wraig Gwen. Fe gafodd, bryd hynny ac wedyn, fwy na'i siâr o dreialon bywyd, ond chlywais i erioed mohono yn cwyno ar ei fyd. I'r gwrthwyneb, fel y dywedodd wrthyf rywdro: 'Dwi ddim yn meddwl i mi gael cam erioed, a sgin i mo'r gallu i gasáu chwaith – yn anffodus.' Ia, efallai mai'r smala a'i cadwodd rhag troi'n chwerw.

Ond fe ddaeth ysbaid gwell ar ei fyd yn y cyfnod hwnnw wrth iddo ymuno â BBC Cymru ac uned *Heddiw*. Yno ar y pryd yr oeddwn i, yn gyw-gyfarwyddwr teledu, a dyna brofi o gyfaredd y gŵr tal, tenau, swil ei ymarweddiad am y tro cyntaf – profi ei ddireidi bythol wyrdd, craffter ei feddwl a blerwch diarhebol ei ddesg, ond yn bennaf oll profi cyfeillgarwch teyrngar a barodd hyd at ddiwedd ei oes.

Ni fwriadwyd i *Heddiw* fod yn rhaglen 'newyddion' fel y cyfryw. Er ei bod hi'n cael ei darlledu yn ddyddiol, yr oedd y rhai ohonom oedd yn gweithio arni – ac yn enwedig ein golygydd cyntaf, Nan Davies – yn gwarchod ein rhyddid 'creadigol' yn rhy gryf i fentro i faes newyddion cyfyngedig. O dan ddylanwad John, fe'n gwthiwyd i fentro fwyfwy i gyfeiriad eitemau amserol, ac fe gafodd eisteddfodau a chwaraeon lleol eu lle, ynghyd â phrisiau'r farchnad a hynt a helynt y swynogydd hynny oedd tu hwnt i amgyffred y rhan fwyaf oedd yn gweithio ar y rhaglen.

Yr oedd y gynulleidfa deledol Gymraeg yn y dyddiau pell

hynny ar un olwg dipyn yn haws ei phlesio nag un heddiw, gan fod newydd-deb y cyfrwng ynddo'i hun yn denu carfan o'r gynulleidfa. Ond, o edrych yn ôl, yr oedd hi hefyd yn ddeallus feirniadol ac yn mynnu rhaglenni o sylwedd a oedd yn rhannu gwybodaeth ddiddorol. Yn hyn o beth yr oedd John yn deall ei gynulleidfa i'r dim. Fe wyddai sut i fod yn boblogaidd heb golli urddas, a heb siarad i lawr â'i gynulleidfa. Oherwydd bod ganddo barch at ei gynulleidfa yr oedd ei gynnyrch yn naturiol urddasol. Fe ddeilliai hyn o grefft eiriol gynnil, feiblaidd, a chynnwys eang ond cwbl berthnasol. Trwy gydol ei yrfa broffesiynol yr oedd John yn ymwybodol iawn na allai'r gynulleidfa ateb 'nôl – dim ond troi i ffwrdd. I ni, ei gyd-weithwyr ifainc, fe daflodd oleuni ar rai o ddirgelion y gynulleidfa Gymraeg, ac fe adawodd ei ôl ar genhedlaeth ohonom a aeth, o dipyn i beth, yn ein blaenau i gyfrifoldebau eraill.

O dipyn i beth fe aeth John hefyd yn ei flaen – yn gyntaf i gynhyrchu ei raglenni unigol ei hun. Unwaith eto yn ei hanes, fe drodd at y ffilm ddogfen fel cyfrwng. Fe ddangosodd *O! Tyn y Gorchudd*, sef y ffilm a gynhyrchodd am y tri brawd dall o Ddinas Mawddwy, ei sensitifrwydd digamsyniol tuag at bobol, a'i ddiddordeb (diarhebol, bellach) mewn emynyddiaeth. Wedyn, fe gafodd gryn bleser wrth baratoi cyfres o bortreadau o'i hoff lenorion – T. H. Parry-Williams, Cynan ac Iorwerth Peate – ac un o gryfderau'r rhaglenni hyn oedd ei ddefnydd diymyrraeth o leisiau cyfoethog ei arwyr. Unwaith eto, fe ddangosodd John yn y cyfnod hwn fod ganddo weledigaeth glir o'r hyn a oedd yn apelio at y gynulleidfa Gymraeg, a llygaid hynod graff hefyd tuag at ddarlun cymwys. Yr oedd yn gwybod yn union beth ddylid ei ddangos, er, efallai, nad oedd yn gyfarwydd â sut oedd gwneud hynny.

Ond cyn hir fe ddaeth cyfle arall i John ymestyn ei ddoniau a dychwelyd i'w hen sir. Pan ymddeolodd W. R. Owen fel Pennaeth y BBC ym Mangor, gwahoddwyd John i gymryd ei le, ac fe aeth ati yn y saithdegau i geisio atgyfodi ysbryd Sam Jones, a rhoi hwb i wasanaeth darlledu radio Cymraeg a oedd wedi colli ei le i ddatblygiadau cynhyrfus y teledu newydd.

Yn y cyfnod hwn fe welais i ochor newydd i'r John yr oeddwn i'n meddwl 'mod i'n ei adnabod, sef y gwleidydd corfforaethol styfnig ond bonheddig. Wrth ymladd ei achos dros gael mwy o arian a chyfleusterau i Fangor, fe ddaeth ag ymarweddiad rhyfeddol o soffistigedig i drafodaethau gydag ambell fawrddyn o'r Gorfforaeth Ddarlledu Brydeinig. Roedd ei wybodaeth o lenyddiaeth Saesneg a gwleidyddiaeth ryngwladol, yn gymysg â'i ddiddordeb mawr mewn rasys ceffylau a'r Farchnad Arian, yn creu argraff o ŵr o dras y plas. Ac yntau ar yr un pryd wrthi ei orau glas yn ceisio cynnal etifeddiaeth y tyddyn bach!

Yn ystod ei deyrnasiad ym Mangor, fe fraenarodd y tir yn effeithiol ar gyfer yr holl ddatblygiadau a ddaeth yn ddiweddarach yn sgil creu Radio Cymru yn ail hanner y saithdegau, ac unwaith eto fe ddylanwadodd ar genhedlaeth newydd o ddarlledwyr.

Ond nid dyna'r stori ddarlledu i gyd. Ar ôl ei ymddeoliad fe gafodd gyfle i droi arferiad oes yn gyfres o raglenni pum munud, ac yn ystod y chwarter canrif a mwy nesaf fe ddaeth *Dros fy Sbectol* yn sefydliad radio tebyg i *The Archers, Caniadaeth y Cysegr, Gardeners' Question Time* ac, wrth gwrs, *Letter from America*. Ac yn union fel y gwnaeth Alistair Cooke, fe ddaliodd John ati i grynhoi a darlledu ei sylwadau craff, bachog, smala, cynhwysfawr, doeth, teg a hynod ddifyr hyd y diwedd.

Fe ddywedodd wrthyf rywdro nad oedd o mewn gwirionedd eisiau cyfathrebu hefo neb, cymaint oedd ei swildod. Ond, meddai, 'yn y swyddi y bûm i ynddyn nhw, doedd dim *raid* i mi neud. Fyddwn i ddim yn gweld y darllenwyr na'r gynulleidfa radio a theledu.' Fel pob darlledwr da, fe gofiai John mai siarad ag unigolyn ac nid annerch cynulleidfa yw'r gamp. Rhyfedd o fyd, yntê, o gofio mai teclynnau peirianyddol, sef ei gas bethau, a'i gwnaeth yn bosibl i John Roberts Williams, y mwyaf swil ohonom, i ddatblygu'n gyfathrebwr heb ei ail.

Wrth iddo, drwy gydol ei yrfa, edrych arnom dros ei sbectol, fe lwyddodd i gloriannu ein diffygion a'n rhagoriaethau gyda chydymdeimlad a hiwmor ansinicaidd. Oherwydd iddo lwyddo i edrych ychydig bach yn wahanol ar y byd a'i bethau na'r rhelyw ohonom, fe gyfrannodd yn ddifyr ac yn amhrisiadwy i'n dealltwriaeth ohonom ein hunain.

Diolch amdano.

Yr Ergyd

Rhaglen arloesol, arbrofol Gymraeg cyfrwng newydd sbon oedd *Heddiw*, ac yma y gosodwyd sylfeini teledu Cymraeg y dyfodol i raddau helaeth, a bu'r bechgyn a weithiai ar y rhaglenni cynnar yma yn arweinyddion y dyfodol yn y BBC yng Nghymru. Daeth Owen Edwards, y cyfwelydd di-ail, a Geraint Stanley Jones, y cynhyrchydd ffilmiau di-ail, yn benaethiaid BBC Cymru ac S4C a gwnaeth y gweddill i gyd eu marc creadigol.

Cafwyd un lwc fawr iawn. Chwilio am gyflwynydd i helpu Owen Edwards a digwydd taro ar fachgen hyderus o Langefni yn gweini ar y byrddau yn un o westai Caerdydd pan aeth rhai o griw *Heddiw* yno ar ddamwain i ginio. Stiwdant yn y Coleg Cerdd a Drama yn gweithio yn ystod y gwyliau. Gwnaeth argraff, fe'i gwahoddwyd i'r stiwdio i weld beth a fedrai ei wneud, a darganfod y medrai wneud pob peth. Ei enw – Hywel Gwynfryn – ac ni raid dweud mwy am y bwndel o frwdfrydedd hwnnw.

Trwy John Gwilym Jones ym Mangor – roedd ei argymhellion yn anffaeledig – cafwyd dau fachgen nodedig o dda arall, sef Dafydd Huw Williams ac Emlyn Davies. Ac yr oedd angen merch, ac o'r diwedd fe gafwyd arian byw o Went – Mary Middleton. A phan ymadawodd Owen Edwards at swydd uwch – un weinyddol, ysywaeth – cefais afael, trwy Ffion fy merch, a oedd yn y Brifysgol yn Aberystwyth erbyn hyn, ar fachgen sylweddol ei gefndir – Arwel Ellis Owen – a synnu pan ddarganfûm ei fod yn fab i'r Robert Owen y bûm yn cydletya ag ef ar fy mlwyddyn gyntaf yng Ngholeg Bangor.

Digon o wybodaeth dechnegol gan Ifor Rees ynghyd â'r

cyfarwyddwyr deallus Rhys Lewis, Dyfed Glyn Jones – a ddaeth yn bennaeth Adran y Plant – a Dafydd Peate, fel nad oedd yn rhaid i mi ymboeni am beiriannau, a nifer dda – ymhob ystyr – o ysgrifenyddesau i ofalu fod trefn ar bopeth, a'r dyfeisgar John Bevan yno i droi pob carreg. A chafodd Nan Davies afael ar y mwyaf unigryw o athrylithgar o'r lot ohonom – Wil Aaron, sydd bellach wedi atgyfodi'r *Heddiw* gwreiddiol yn y rhaglen benigamp *Hel Straeon*.

Y gwaith yn galed ond y criw yn hapus a chytûn tros ben. Ac ar bob Nadolig mynd tros ben llestri – trwy gynhyrchu'r pantomeimiau mwyaf lloerig – i ddiddanu'n hunain yn fwy na'r gwylwyr o bosibl. Unwaith llogwyd camel o sŵ y Barri a'i gludo i dwyni tywod Mynydd Cynffig gan feddwl y teimlai'n gartrefol yno. Pan gyrhaeddodd a rhoi ei droed ar lawr fe orweddodd ar ei ochr ac fe wrthododd â chodi. Yno y mae o byth am a wn i.

Un o dasgau blynyddol mawr *Heddiw* fyddai teledu'r holl raglenni o'r Brifwyl – y troeon cyntaf i hyn ddigwydd. Ar wahân i deledu Wimbledon dyma un o delediadau allanol mwya'r BBC yn y cyfnod cynnar ac yma fe gasglwyd profiadau a fu'n werthfawr iawn yn nyddiau datblygu gwasanaeth i'r Cymry Cymraeg. Gyda'r profiad, medrai Geraint Stanley a minnau deledu Gŵyl Gydwladol Llangollen yn ddidrafferth, ond yn llai pleserus, i BBC2.

A stori fach am hiwmor cyflym Hywel Gwynfryn. Fe benderfynodd Wil Aaron fynd am dro i weld y byd – cychwyn am Affrica a glanio yn Ynysoedd India'r Gorllewin. Cafodd fenthyg camera ffilm a thapiau a byddai'n tynnu lluniau mud a rhoi sylwadaeth ar y cynnwys ar dâp ar wahân.

Ffilm yn cyrraedd o'r Ynysoedd am ornest i benderfynu gan bwy roedd y farf orau – ac fe goronid yr enillydd cyn ei eillio. Wil ddim yn siŵr beth oedd y gair am fwy nag un farf a phenderfynodd mai 'beirf' oedd yr ateb. Yr oedd y gair yn frith trwy'r tâp ac yn amhosibl ei ddileu. Felly, ar yr awyr ag ef fel yr oedd, a Hywel i wneud mymryn o sylw ysmala am y gair mawr.

'Mhen misoedd dychwelodd Wil gan holi Hywel am bopeth a fu yn ei absenoldeb.

'Yn un peth, mae Gwynfor Evans wedi ennill sedd Caerfyrddin,' meddai Hywel.

'Roeddwn i'n deall fod Gwynfor ar 'i orsaf,' sylwodd Wil.

'Ydi,' atebodd Hywel, 'Gorsaf y Beirf.'

Ond gartref roedd y cymylau'n crynhoi. Wedi dal ei thir yn hynod o dda am fwy na blwyddyn a hanner a chryfhau fy ffydd mewn gwyrthiau, dechreuodd Gwen edwino. Yn y diwedd bu'n rhaid iddi fynd i Ysbyty Frenhinol Caerdydd ac wedi dychwelyd adref bu dirywiad sylweddol pellach a bu'n rhaid cael lle iddi mewn ysbyty fechan ym Mhenarth.

Ni chwynodd unwaith, ond fedrai hyd yn oed fi byth ddarganfod beth oedd yn crwydro trwy ei meddyliau. Un bore, ar amser brecwast, daeth y newydd ar y teliffon – yr oeddwn i wedi colli priod a Ffion a Robin wedi colli mam. Bu torri'r newydd yn y fan a'r lle i Robin, a addolai ei fam, yn ing, ac wedyn yr oedd yn rhaid hysbysu Ffion druan, oedd yn y Coleg yn Aberystwyth.

Yr oedd yna hawddgarwch a chadernid tawel wedi ffarwelio â'r byd, a phroffwydoliaeth llawfeddyg yn Wrecsam ddim ond mis ohoni hi.

John Roberts Williams, *Yr eiddoch yn gywir*
(Cyhoeddiadau Mei, 1990)

Fe ymunes i â *Heddiw* gan ddisgwyl cael fy hyfforddi yn y grefft o gyfweld ac ymddwyn mewn stiwdio. Dim. Ond wedi imi wneud rhyw hanner dwsin o gyfweliadau, meddai John, 'Mae digon o dân yn dy fol, defnyddia fo.' A'r cyngor roedd pob un ohonom yn ei gael ganddo oedd, 'Gwna fo'n ddiddan' – gan grychu ei drwyn wrth ei ddweud. Meddwl am y gynulleidfa gartre yr oedd e, wrth gwrs, ac am inni gyflwyno'r stori mewn ffordd a fyddai'n eu diddori a'u difyrru. Dyna un o'r gwersi gorau ges i erioed.

Roedd John wastad wrth ei ddesg, ond gallech fynd i mewn a phrin ei weld oherwydd y pentwr anferth o bapurach oedd arni. Petai'n agor papur dyddiol, byddai hwnnw'n mynd ar ben y cwbl, ac yntau â'i sbectol ar flaen ei drwyn, ei feiro yn y llaw dde, a'i ffag yn mygu yn y llall. Rhwng popeth, mae'n wyrth nad aeth y cyfan ar dân. Roedd y drefn honno'n iawn nes i'r diawlo ddechrau: pawb wedyn yn rhedeg i'w helpu i dwrio. Pan ddeuai'r waedd fuddugoliaethus, roedd y neges yn amlach na pheidio yn y fasged sbwriel ar gefn ei baced Player's.

Cyrhaeddais ryw fore a John eisoes wedi llyncu mul. 'Ble w't ti 'di bod? Dwi wedi bod yn aros amdanach chdi.' 'Ond dwi ddim yn hwyr, John.' 'Hmm. Mae pobol yn aros amdanach chdi yn y Parc, y Bala.' 'Wel be sy fanno?' medda fi. Roedd hi'n fore gwlyb, brwnt. 'O's *raid* i fi fynd?' 'Oes. Mae ryw ferchaid wedi cerdded allan o'r Wls, a maen nhw'n mynd i sefydlu cymdeithas i ferchaid Cymraeg. *Raid* i chdi fynd.' Roedd yn amlwg nad oedd gen i lawer o frwdfrydedd, a lliniarodd beth. 'Cer â Marian efo chdi yn gwmni.' Aeth Marian Elias a fi dow-dow am y Parc, lle roedd Zonia Bowen a Sulwen Davies yn aros amdanom. A dyna ddechreuad Merched y Wawr.

Ambell brynhawn, a'r rhaglen yn dechrau dod i fwcwl,

byddai John yn codi o'i gadair, yn ystwytho tipyn ar ei gymalau, yn rhoi ei ddwylo dros ei wallt – ac yn dechrau dyfynnu Ann Griffiths. Roedd wedi ymserchu'n llwyr yn Ann. Yn nhawelwch ei gartref gyda'r nos, byddai'n dilyn ei llwybrau ac yn cael gwefr o ddarllen Caniad Solomon a Sechareia. Y cwpled y rhyfeddai heb ball at ei fawredd oedd: 'Rhoi Awdwr bywyd i farwolaeth/A chladdu'r Atgyfodiad mawr'. Munudau prin, i'w trysori, oedd y rhain.

MARY MIDDLETON

Deuthum i adnabod John gyntaf pan ddaeth i weithio ar *Heddiw* a dod â chyfoeth o brofiad newyddiadurol yn ei sgil. Roedd yn weithiwr diwyd, a'i sylwadau gogleisiol yn parhau i'm rhyfeddu hyd at y diwedd. Ef oedd Alistair Cooke Cymru.

Weithiau byddai John â'i feddwl ymhell. Amlygid hyn yn ystod wythnos yr Eisteddfod Genedlaethol. Fedrai o yn ei fyw â chofio ar ddiwedd diwrnod prysur ymhle y gadawsai ei gar. Ei ateb syml i'w gyfyng-gyngor fyddai gadael y car yn y maes parcio am wythnos gron gyfan; mater bach wedyn fyddai chwilio am yr unig gar oedd ar ôl ar y cae wedi i bob eisteddfodwr arall fynd adre ar ddiwedd yr wythnos!

Mae'n rhaid cyfaddef i mi wneud tro sâl ag o unwaith. Roeddwn wedi prynu peiriant torri gwair newydd, ac am gael gwared â'r hen un. Roedd gan John ddigon o ymddiriedaeth ynof i'w brynu, er fy mod i'n amau yn ddistaw bach nad oedd llawer o fywyd ar ôl yn yr hen beiriant. Ac, yn wir, daeth y peiriant i'w ddiwedd annhymig o fewn dyddiau i John ei brynu. Bu'n destun chwerthin rhwng y ddau ohonom, a'r gŵr hynaws o Eifionydd yn f'atgoffa mai hen Gardi bach oeddwn i.

OWEN EDWARDS

Byddai John Roberts Williams yn ymweld â ni o bryd i'w gilydd yng Nghoed y Pry yng Nghaerdydd. Dwi'n cofio, un tro, oherwydd bod Mam yn gorfod fy hebrwng i wers biano, roedd hi wedi gadael nodyn ar y drws yn ei hysbysu ym mhle roedd wedi gadael y goriad er mwyn iddo fo fedru mynd i mewn i'r tŷ. Gofalodd Mam na fyddai pawb a'i gwelai yn medru deall y nodyn, ac ysgrifennodd fod y goriad, nid o dan y mat – byddai hynny'n rhy amlwg – ond 'o dan y tri lliw ar ddeg' (gair Pen Llŷn am lwyn *hydrangea* ydi tri lliw ar ddeg). Er mor agos i Ben Llŷn ydi Eifionydd, blodyn seithliw (neu'n fanylach, 'blodyn saith liw'!) ydi gair y fro honno am *hydrangea*, mae'n debyg.

Ymhen hir a hwyr daeth Mam a minnau'n ôl o'r wers biano, gan ganfod John Roberts Williams yn eistedd ar stepen y drws yn laddar o chwys. Bu chwerthin mawr pan eglurodd ei fod o wedi bod yn ceisio cyfri – o gyfeiriad y drws – hyd at dri ar ddeg bob blodyn a phlanhigyn lliwgar oedd yn yr ardd! Rhwng piffian chwerthin, dangosodd Mam iddo ble roedd y goriad – o dan y llwyn agosaf un at y drws!

MARI EMLYN

Yn y cyfnod pan oedd John yn gynhyrchydd y rhaglen *Heddiw*, yr oeddwn innau'n gweithio arni fel ysgrifenyddes. Un tro, mi benderfynwyd (gan John, mwy na thebyg) cael blaidd i'r stiwdio ar gyfer y rhaglen. Yn Sŵ Bryste yr oedd yr un agosa – yn wir, yr oedd yno ddau – ond nid oedd yr awdurdodau'n fodlon anfon un ohonynt ar y trên, rhag ofn. Nid oedd John am ildio. Y cam nesaf oedd cysylltu â Sŵ Bae Colwyn. Yr oedd ganddynt hwythau flaidd. Gofynnodd John faint o'r gloch fuasai'r amser gorau i'r gŵr camera (Alwyn Owens, o Drearddur, Môn) ddod i'w ffilmio. 'Mae'r blaidd yn codi efo'r wawr ac yn cael tamaid o frecwast tua chwech y bore, ond mi aiff yn ei ôl wedyn a does dim posib dweud beth wnaiff o,' oedd yr ateb. Ond nid felly y bu. Er i Alwyn gyrraedd yno ar doriad gwawr yn ôl y trefniant, yr oedd hi'n dri o'r gloch y prynhawn ar y blaidd yn codi o'i ffau y diwrnod hwnnw, ac Alwyn druan yn dal ar ei wyliadwriaeth. Mi dynnodd ei lun, er bod ffens o weiren neting mân rhyngddynt, a dangoswyd y ffilm ar *Heddiw*.

* * *

Cedwid lluniau at bwrpas y rhaglen yn ystafell Dafydd Huw Williams, yr ymchwilydd, a fi fyddai'n gofalu amdanynt. Mae'n debyg i mi achosi cryn anhwylustod i John un tro. Yr oedd angen llun Gwynfor Evans ar fyrder a minnau ddim ar gael i'w estyn. Yr oedd yr unig lun oedd gennym ohono ar y pryd newydd gael dyrchafiad o'r adran E am Evans i A am Aelod Seneddol. Nid oeddwn yn rhyw fodlon iawn gan y golygai hynny y buasai Gwynfor yr agosaf at Leo Abse, a oedd mor elyniaethus i bopeth Cymraeg a Chymreig. Felly dyma ychwanegu adran newydd sbon i gael rhaniad rhyngddynt – A am Arwr. Ni chefais fy ngheryddu gan John, ond dysgais nad mater mympwyol yw ffeilio!

MARIAN ELIAS ROBERTS

Bu John yn gofalu'n dadol amdanaf yn ystod fy mlynyddoedd cynnar ar *Heddiw*. Fel pob tad, byddai'n dwrdio weithiau, ac fe wnaeth hynny gydag arddeliad un noson pan oeddwn i'n cyflwyno o Gaerdydd ac Arwel Ellis Owen yn y stiwdio yn Llundain. Esboniodd John y byddai'n rhaid i mi agor y rhaglen yn awdurdodol ac yna trosglwyddo'r awenau yn syth i Arwel, oedd yn mynd i holi Gwynfor Evans. Dim problem. 'Noswaith dda. Draw â ni yn syth i'r stiwdio yn Llundain, lle mae Arwel Ellis Owen yn aros i holi Mr Goronwy Evans . . . ' Cyn i mi gael cyfle i gywiro fy nghamgymeriad, dyma wyneb Arwel yn ymddangos ar y sgrin, a gwên fach foddhaus ar ei wyneb. 'Wrth gwrs,' meddai, 'nid Goronwy Evans y mae Hywel yn ei olygu ond Mr Gwynfor Roberts.' Sgrech

annaearol o gyfeiriad swyddfa John, a geiriau na fyddai'n
weddus i mi eu hailadrodd yma!

HYWEL GWYNFRYN

NEWYDDIADURA

Newyddiadurwr wrth Reddf

Aled Gruffydd Jones

John Roberts Williams oedd un o leisiau mwyaf treiddgar a chreadigol y byd newyddiadurol Cymreig yn yr ugeinfed ganrif. Ac wrth gofio a diolch am y ddawn amlochrog honno, ym mhob un o'i hagweddau, dylid cadw un peth sylfaenol mewn cof, a hynny yw unoliaeth ei fywyd a'i waith. Fe sonnir yng ngweddill y gyfrol hon am rychwant eang ei fywyd creadigol a phroffesiynol, ond yr un oedd y gamp a gyflawnodd trwy bob un o'r rhain, a hynny oedd sefydlu yn y gymdeithas sifil le cyhoeddus i'r iaith a'r diwylliant Cymraeg, a hynny ar adeg pan oedd yr hen lwyfannau cyhoeddus yn prysur ddirywio, ynghyd â'r capeli a chadarnleoedd ein cefn gwlad.

Yng nghanol y dirywiad hwn cofleidiodd John ddulliau mynegi a thechnolegau cyfryngol newydd, yn union er mwyn creu llwyfannau yn y cartref ac yn y byd cyhoeddus i'r iaith Gymraeg ddal ei thir a ffynnu – ac yr oedd honno'n andros o gamp. Yn hynny o beth, fe wnaeth yn yr ugeinfed ganrif yr hyn y llwyddodd Gwilym Hiraethog i'w wneud gyda'r *Amserau*, Thomas Gee gyda'r *Faner*, Brutus yn yr *Haul*, neu David Rees y Cynhyrfwr yn y *Diwygiwr* yn y ganrif flaenorol. Yn erbyn cefndir y pantheon yna y dylem ni ystyried bywyd John Roberts Williams yn y lle cyntaf.

Ac fel efo'r hoelion wyth yna, yr oedd murmur yr Hen Destament yn aml i'w glywed yn atseinio yn ei lais a'i ysgrifau. Ond bu'n rhaid i'r bachgen a anwyd yn Nhyddyn Bach dri mis cyn cychwyn y Rhyfel Mawr ymdopi â hanes tra gwahanol. Roedd o'n cofio darllen yn y *Sunday Chronicle* am ymosodiad byddinoedd Hitler ar ardal y Saar,

109

a chlywed straeon am ei frawd Bob oedd ar y môr efo'r 'Welsh Navy', sef y llynges fechan oedd yn torri'r gwarchae ar gludo nwyddau i lywodraeth weriniaethol a democrataidd Sbaen. Fel Saunders Lewis o'i flaen, cafodd John ei siapio gan erchylltra a chreulondeb hanner cynta'r ugeinfed ganrif. Hynny, efallai, a sbardunodd ynddo tra oedd yn blentyn yn Ysgol Sir Pwllheli nid yn unig ei heddychiaeth ddofn, ond hefyd ei ddiddordeb ffraeth yn y byd o'i amgylch.

Fel y crybwyllwyd eisoes yn y gyfrol hon, tra oedd yn y coleg ym Mangor fe ddechreuodd gyfrannu colofn reolaidd i'r *Herald Cymraeg* dan y ffugenw 'John Aelod Jones', ac, ar yr un pryd, golofn i'r *North Wales Chronicle*. Ychwanegodd at y rheiny gyfres ar lenyddiaeth i'r *Cymro*, a hynny i gyd ym mwrlwm bywyd academaidd a gwleidyddol coleg ar adeg pan oedd Ewrop a'r byd yn llithro unwaith eto i gyfeiriad trais a rhyfel.

Ar ôl golygu dau rifyn o gylchgrawn rag Coleg Bangor, aeth at yr *Herald* yn ei bencadlys ar y Maes yng Nghaernarfon, 'Stryd y Fflyd' Cymru – cartre'r *Genedl*, y *North Wales Observer*, y *Werin*, a'r *Eco*, yn ogystal â'r *Herald* a *Phapur Pawb*. Rownd y gornel roedd hen swyddfeydd y *Dinesydd* a'r *Goleuad*. Yno y bu mawrion y wasg yn cymysgu â'i gilydd dros sawl cenhedlaeth: T. Gwynn Jones, E. Morgan Humphreys, Beriah Gwynfe Evans, Prosser Rhys, Caradog Prichard, Picton Davies – a John Roberts Williams ei hun. Ond yn ôl i'w gynefin yr aeth o i ymestyn cylchrediad y *Caernarvon and Denbigh Herald* drwy Eifionydd o'i swyddfa newydd ym Mhwllheli. Toc ar ôl hynny, cafodd ei ddenu gan Hughes a'i Fab i swyddfa'r *Cymro* dros Glawdd Offa yng Nghroesoswallt. Torrodd yr Ail Ryfel Byd ar draws ei yrfa yno, a bu blynyddoedd y rhyfel iddo fel heddychwr yn rhai anodd a thywyll. Serch hynny, daliodd ymlaen gyda'i 'gysfennu' fel gohebydd i'r *Daily Mirror, News Chronicle* ac amryw eraill.

Yn ôl efo'r *Cymro* fel golygydd llawn yn 1945, dechreuodd ar ei gyfraniadau mwyaf pellgyrhaeddol a chreadigol. Hanner canrif dda ar ôl i'r Newyddiaduraeth Newydd fondigrybwyll gyrraedd y wasg Saesneg, dechreuodd John ddod â'i harddull a'i diwyg at wasanaeth y Gymraeg, drwy symleiddio'r teip a rhoi blas mwy cyfoes ar y cynnwys. Hefyd daeth ag adroddiadau pêl-droed, 'Ble mae'r Bêl?', y llinell goll, y croesair, ynghyd â chystadlaethau ysgrifennu straeon byrion a ddenodd ddoniau newydd fel Eigra Lewis Roberts.

Ef hefyd oedd y cyntaf i gymryd ffotograffiaeth o ddifri fel dull newyddiadurol trwy gyhoeddi yn gyson luniau Geoff Charles, Ted Brown a Robin Griffith. Os oedd yna rai oedd yn amau pwysigrwydd y newyddiaduraeth weledol, does raid ond cofio un enw: Carneddog. Dywedodd yr un llun yna gymaint â mil o eiriau am gyflwr y Gymru Gymraeg yn y cyfnod ar ôl y Rhyfel. Ond hefyd denodd John ohebwyr o fri, fel Dyfed Evans ac Ernest Jones, a chyfranwyr o bapurau eraill, fel Caradog Prichard o'r *Daily Telegraph*, neu David Raymond, golygydd tramor *Reynolds's News*. Parch personol at John oedd yn gyfrifol am ddod â'r sêr yma ynghyd, ac o'r herwydd llamodd cylchrediad *Y Cymro*. Creodd drwy'r *Cymro* fyd dychmygol Cymraeg newydd, gyda'r clwb plant, *Y Cymro Bach*, a'i allu i fathu termau newydd. Bywiogodd y Gymraeg trwy ddod â newyddion a hwyl i'w ddarllenwyr. Creodd le cyhoeddus i Eirwen Gwynn drafod gwyddoniaeth, i Bob Owen Croesor ddryllio'r delwau, ac i broblemau personol a rhywiol gael eu trafod yn y Gymraeg. A ble roedd *o* yng nghanol y bwrlwm chwyldroadol yma? Dyma'i ateb nodweddiadol swil ef ei hun: 'Dim ond y golygydd oeddwn i.' 'Dim ond y golygydd' a gynyddodd gylchrediad *Y Cymro* i bron wyth mil ar hugain yr wythnos; 'dim ond y golygydd' a gynhyrchodd yn rheolaidd un o'r colofnau mwyaf brathog i ymddangos yn y Gymraeg yn ail hanner yr ugeinfed ganrif, colofn a ddaeth â chwa o awyr iach i broffesiwn oedd eisoes yn cael ei gyhuddo o siniciaeth. Ganddo ef fel golygydd yr oedd y weledigaeth; ef hefyd oedd y cyfarwyddwr a'r cyfareddwr. Ef oedd y dyn oedd yn deall pam yr oedd hyn i gyd o bwys. Ac, yn hynny o beth, y mae yna stori fwy o lawer na John a'r *Cymro*, a honno ydi John y Cymro, y Cymro tawel, tanbaid hwnnw a greodd lwyfannau newydd i'r iaith Gymraeg, a hynny ar adeg dyngedfennol iddi.

Y CASGLWR

DAFYDD WYN WILIAM

'Pam na fedrwn ni, Gymry, sefydlu a chynnal cymdeithas ac iddi ei chylchgrawn ar gyfer casglwyr?' – dyna'r cwestiwn a ofynnid yn daer gan rai ohonom ganol saithdegau'r ugeinfed ganrif. Yn ateb i'r holiad hwn fe sefydlwyd Cymdeithas Bob Owen a'i chylchgrawn, *Y Casglwr*.

Fel hyn y bu: ar faes Prifwyl Aberteifi, 3 Awst 1976, cynhaliwyd cyfarfod cyhoeddus i hyrwyddo'r bwriad, a heb betruso'r dim lleiaf penderfynwyd sefydlu'r gyfryw gymdeithas a chwap yr oedd ei phrif swyddogion wedi eu hethol, yn eu plith John Roberts Williams, gŵr 62 oed, yn olygydd ei darpar-gylchgrawn. Cyfarfu pwyllgor cyntaf y gymdeithas newydd ddydd Gwener, 24 Medi 1976, yn Llyfrgell Genedlaethol Cymru, ac ym Mawrth y flwyddyn ddilynol ymddangosodd rhifyn cyntaf *Y Casglwr*, ac iddo 12 tudalen, o Wasg Gwynedd, Nant Peris, Caernarfon.

O'r cychwyn cyntaf, John oedd capten effro a phrofiadol llong Cymdeithas Bob Owen, a phrif gynullydd ymroddgar ei chargo. Bwriodd i'r dwfn yn eofn, a chyn dirwyn o'i gapteniaeth i ben yn niwedd 1992 sicrhaodd fod cargo cyfoethog o 48 rhifyn o'r *Casglwr*, sef cyfanrif o 886 o ddudalennau, yn harddu cei diwylliannol ein cenedl. Dan y pennawd 'Wele Gychwyn' ar glawr y rhifyn cyntaf (Mawrth

John Roberts Williams yn fabi ar lin ei nain – Sarah Roberts, Tyddyn Bach, Pencaenewydd (mam ei fam, Deborah) – yn 1915.

Ei nain arall, Elin Williams, wrth ddrws ei chartref, Tyddyn Mawr, Cwm Pennant – efo'i llyfr emynau o dan ei chesail, ar gychwyn i'r capel.

Ei chwiorydd, Mai a Prydwen, yn 1930. Mae Mai bellach yn byw yn Lloegr, a Prydwen yng Nghanada, a'u brawd ieuengaf, Owen Pennant, yn Awstralia. Bob a Llifon oedd y ddau frawd arall.

John Vaughan Williams, ei dad – 'â'i addfwynder rhamantaidd'.

Derbyn gradd BA Anrhydedd (Cymraeg) cyn gwneud cwrs ymarfer dysgu ym Mangor yn y tridegau.

'Criw o hogia'r Steddfod' – Eisteddfod Dyffryn Conwy, 1939. Ar y chwith
eithaf, Wil Williams (rheolwr cylchrediad Y Cymro); y tu ôl iddo, Gwilym
Bethel; canol blaen, Cynan (yn cydio ym mraich JRW), ac yn y cefn
rhwng y ddau ohonynt, David William Jones (gohebydd
yng Nghaernarfon).

Llun yn Y Cymro: tîm pêl-droed Pencaenewydd yn ystod yr Ail Ryfel Byd.
Gwelir JRW yn eistedd, yr ail o'r chwith. Byddai carcharorion rhyfel
o Eidalwyr yn chwarae i'r tîm weithiau.

JRW a'i briod, Gwen, yn y pedwardegau.

*Ei frawd, Llifon, yng Nghwm Coryn, Llanaelhaearn
– 'yr hoffusaf ohonom'.*

Yr hen fardd Cybi yn ei fwthyn yn Llangybi, Eifionydd.
Postman oedd o wrth ei waith, a'i daith ddyddiol ar droed yn mynd â fo
o bentref Llangybi cyn belled â Thyddyn Cethin, cartref teulu JRW.
(Sylwer ar Yr Herald a'r Cymro *ar y bwrdd o'i flaen, a'r 'copi-bwc'*
yn llawn o'i englynion ei hun yn ei law!)

Efo Wil Vaughan Jones (y 'teithiwr o Gymru' yn y ffilm Tir na n-Og)
yn Eisteddfod Genedlaethol Pen-y-bont ar Ogwr, 1948.

Freddie Grant (y tywysydd yn ffilm Yr Etifeddiaeth) *wrth giât Bryn
Eithin, Llangybi – cartref Cybi. Daeth Freddie yn ifaciwî bach pump oed i
Langybi o Lerpwl ym mis Medi 1941, a mynd yn ei ôl yno (fo a'i chwaer
hŷn, Marie) yn fuan ar ôl y rhyfel, ond deil eu chwaer hynaf, Eva, i fyw
yn yr ardal hyd heddiw.*

Torheulo ar draeth Afon-wen yn y pumdegau. Yn y cefndir, ar y chwith, gwelir trên yn gadael yr orsaf drenau enwog gerllaw.

Rywle, rywbryd – yn cloddio am stori i'r Cymro, *tybed?!*

'Y telediad cyntaf yn yr iaith Gymraeg o'r stiwdio yn Abertawe,' medd John Roberts Williams ar gefn y llun hwn. Y rhaglen arloesol oedd Cwrdd â'r Wasg, 11 Tachwedd 1953. O'r chwith: JRW (golygydd Y Cymro); Gwilym R. Jones (golygydd Y Faner); W. Anthony Davies ('Llygad Llwchwr' y News Chronicle); yna cadeirydd y drafodaeth, Llewelyn Wyn Griffith, a'r gwleidydd Megan Lloyd George, oedd yn cael ei holi gan y tri newyddiadurwr ar fater Senedd i Gymru. 'Trafodaeth hynod unochrog', medd JRW.

Y ras geir hwyliog rhwng Gwilym R. a JRW yn Rhagfyr 1958. Alan Protheroe yw'r gohebydd (ar y dde). Gwnaeth Geoff Matthews (trefnydd hysbysebion Y Cymro) yn fawr o'r stynt trwy gael hysbysebion yn y papur gan wahanol fodurdai – Watch out for this ANGLIA' / 'You will see this MORRIS on BBC Welsh TV next Sunday Dec 14 in the programme CEFNDIR'!

LLUN: DORIS EVANS

JRW, Gwen, Ffion a Robin yn eu
cartref yn Whittington yn 1956.

Robin (mab Dyfed Evans) – yn yr het
dywyll – yn chwarae cowbois efo
Ffion a Robin yn Whittington,1958.

LLUN: DORIS EVANS

Y cartŵn o waith yr arlunydd E. Meirion Roberts a dderbyniodd JRW
wrth adael Y Cymro yn 1962, a chael ei olynu fel golygydd gan
Glyn Griffiths.

Rhai o staff adran newyddion Teledu Cymru, 1962–3. O'r chwith:
Colin Thomas (is-olygydd newyddion Saesneg); Ann Connors
(ysgrifenyddes yr adran); Gwyn Llewelyn (is-olygydd newyddion
Cymraeg), a JRW (golygydd newyddion).

Staff rhaglen Heddiw y BBC yn 1963. Harri Gwynn sydd gyda
Nan Davies yn y blaen. Yna, o'r chwith i'r dde: Geraint Stanley Jones,
Rita Thomas, Gill Davies, Rhys Lewis, Ifor Rees, JRW, John Bevan,
Owen Edwards, Elizabeth Cameron, William Aaron, Eira Thomas.

Mae'n cymryd blynyddoedd i berffeithio crefft!

Ar wyliau efo'r teulu ar ddechrau'r wythdegau mewn ffermdy yn yr Eidal, ger tref Montevarchi yn ardal Twsgani. O'r chwith: JRW; Allan Grieco (perchennog y ffermdy); Ffion; Bianca (wyres), a Mark Grimshaw (ei fab-yng-nghyfraith).

Efo D. Tecwyn Lloyd, 'ffrind calon' ers dyddiau coleg, ar faes y Steddfod yn Llambed yn 1984.

Llun o'i gyfrol Yr eiddoch yn gywir, *1990. Yn ei eiriau ei hun: 'Coflaid o wyresau bach. Y fraich dde am Bianca Mari (Bibi), y fraich chwith am ei chwaer Sophy Rhiannon – y ddwy o Gaergaint. Yn y canol Elinor Gwendolen ac yn y gwaelod ei chwaer fach Bethan Mared – y ddwy o Gaerdydd. Bydd imi anfarwoldeb tra bônt byw ...'*

*Efo Ellis a Gerald Williams, neiaint Hedd Wyn, ar ymweliad â chartref
y bardd yng nghwmni Dafydd Norman a Thelma Buckley Jones yn 1993.*

*Geoff Charles a JRW ym Mai 1997, pan ddadorchuddiwyd plac ar fur
yr ysgol gynradd yn Llangybi i nodi cysylltiad yr ardal
â ffilm* Yr Etifeddiaeth.

Cymdeithas Bob Owen yn ei anrhegu â llun o Ffynnon Cybi (wedi'i gomisiynu gan yr arlunydd Berwyn Jones) mewn Ysgol Undydd ym Machynlleth, Mai 1998, i gydnabod ei wasanaeth fel golygydd Y Casglwr am 16 mlynedd. O'r chwith i'r dde: Meredydd Evans, JRW, Berwyn Jones a Brynley F. Roberts.

Yng nghwmni ffrindiau agos – Gwilym Prys Davies a'i briod, Llinos.

Efo'i gyfaill oes, Ioan Mai Evans, yn Eisteddfod Genedlaethol Bro Ogwr, 1998.

Criw o olffwyr Clwb Nefyn a'r Cylch fyddai'n cyfarfod yn rheolaidd ym Mhorthdinllaen bob pnawn dydd Mawrth am flynyddoedd lawer. Cefn, trydydd o'r chwith: Hugh D. Jones. Blaen, ail a thrydydd o'r chwith: JRW a Dyfed Evans.

Ar un o'i fynych ymweliadau â'i fab, Robin, a'r teulu yng Nghaerdydd (2001). O'r chwith: Bethan, Catherine, Elinor, Robin a 'Taid'.

Ar achlysur derbyn Gwobr Anthony Hopkins (gan Sgrin Cymru) ar y cyd â Geoff Charles yn Ionawr 2000, am gyfraniad eithriadol i ddiwylliant ffilm Cymru. O'r chwith, cefn: Dyfed Evans, Ted Brown, Robin Griffith, Gwen Parry a Dafydd Norman Jones. Blaen: Geoff Matthews a JRW. Methodd Geoff Charles â bod yn bresennol, a derbyniwyd y wobr ar ei ran gan ei fab, John.

Efo ffrindiau yn Swyddfa'r Wasg yn Eisteddfod Genedlaethol Llanelli, 2000. O'r chwith: Wil Morgan, JRW, Siôn Jones, Dyfed Evans a Glyn Evans.

Cyfeillion cywir ers dyddiau coleg – Eirwen Gwynn ac yntau ar faes Llanelli yn 2000.

Cydnabod cael ei anrhegu gan y BBC yn eu pencadlys ym Mangor yn Chwefror 2003, i nodi chwarter canrif o ddarlledu ei sgyrsiau radio, Dros fy Sbectol. O'r chwith, yn sefyll: Gwilym Owen, Keith Jones, Ioan Mai Evans, JRW, Dewi Llwyd, Glyn Evans, Bethan Roberts, Wyre Thomas, William H. Owen. Yn eistedd: Meredydd Evans a Phyllis Kinney.

LLUN: PRIFYSGOL BANGOR

*Ar fin cael ei dderbyn yn Gymrawd ym Mhrifysgol Cymru Bangor
am wasanaeth i newyddiaduraeth a'r cyfryngau, Gorffennaf 2003,
efo Marian Wyn Jones, a'i cyflwynai.*

LLUN: ROBIN GRIFFITH

*Efo Dyfed a Merêd – eto ym Mangor yn 2003 –
a'r tri yn eu hwyliau!*

Lansio ymgyrch sefydlu Y Byd *ym Mhortmeirion, Calan Mai 2004, efo Ned Thomas a Jan Morris. Un o'r lluniau olaf ohono: bu farw John Roberts Williams ar y seithfed ar hugain o Hydref y flwyddyn honno.*

Teulu a ffrindiau o blith y gynulleidfa niferus a ddaeth i'r cyfarfod teyrnged cofiadwy i JRW ym Mhencaenewydd ar 7 Mai 2005.

Dathlu ei ben-blwydd yn 90 oed yng nghwmni ei wyresau – Sophy, Bianca, Elinor a Bethan – ym mis Mawrth 2004.

1977), fe grynhodd y capten rai o'i feddyliau, ei fwriadau a'i obeithion:

> Llafur cariad yw pob tamaid o'r *Casglwr* cyntaf yma – a diau y bydd y rhifyn ei hun yn gasgladwy yng nghyflawnder yr amser. A phwy yw'r casglwyr? Yn syml, pob un sy'n prynu llyfr hen neu newydd, neu sy'n prynu darlun neu record o unrhyw gyfnod. Nid at yr arbenigwr yr apelir, ond hyderir y cewch y cynnwys yn ddibynnol, yn gynorthwygar, yn ychwanegiad at eich gwybodaeth, ac yn ddiddan.

Cyn mynd ymhellach, mae'n werth inni sylwi yma ar ddiffiniad John o 'gasglwyr' mewn perthynas â'r cylchgrawn. Fel y rhan fwyaf o Gymry diwylliedig, yr oedd ganddo yntau lyfrgell ar ei aelwyd – ffrwyth prynu a chasglu dros gyfnod maith – a honno'n llyfrgell gymysgryw o ran ei chynnwys. Ond hefyd, yn ystod y blynyddoedd, ymroes John i gasglu trysorau eraill megis ysgythriadau o gastell Caernarfon a mapiau, a dod yn gryn awdurdod arnynt. Gwyddys iddo, er gwaethaf ei swildod, fentro'n achlysurol i roi sgwrs am y casgliadau hyn i ambell gymdeithas hwnt ac yma, a chael cryn foddhad wrth wneud hynny.

Meddai wedyn ar glawr y rhifyn cyntaf:

> Fe argreffir, yn ffyddiog braidd, bum can copi o'r rhifyn yma gan obeithio y medrir cael digon o aelodau am ddwy bunt y flwyddyn i hawlio'r rhan fwyaf ohonynt.
>
> Rhifyn gwyliadwrus yw'r cyntaf yma . . .

Erbyn dyfod yr ail rifyn o'r wasg yr oedd nifer y tudalennau wedi cynyddu i 16, a chaed cynnydd pellach i 20 tudalen erbyn yr ugeinfed rhifyn.

Diddorol sylwi ar enwau'r rhai a gyfrannodd erthyglau i'r rhifyn cyntaf, y mwyafrif ohonynt naill ai'n gyfoedion i'r golygydd neu'n perthyn i'r genhedlaeth o'i flaen ac yn gyfeillion iddo: Guto Roberts, Huw Williams, Gwilym H. Jones, Huw Ceiriog, Norman Williams, Gomer M. Roberts, Dyfed Evans, John Eilian, David Jenkins, Thomas Parry, Glyn Evans, Maldwyn Thomas, Ifor Jones, Elwyn Huws, Melfyn R. Williams ac E. D. Jones. Diau mai ymateb i gais personol John a wnaeth y mwyafrif o'r cyfranwyr hyn, onid y cyfan ohonynt, a chyn diwedd ei dymor yn olygydd fe gymhellodd ugeiniau lawer o ddynion a merched eraill i gyfrannu erthyglau i'r *Casglwr*. Mêl ar ei fysedd fyddai derbyn erthyglau digymell, a thân ar ei groen fyddai'r bobl hynny na fynnent ymateb i'w geisiadau am erthyglau.

Er mai dim ond dau lun sy'n harddu rhifyn cyntaf *Y Casglwr* – un o Bob Owen a'i wraig ac un arall o gongl doreithiog llyfrgell y casglwr enwog o Groesor – roeddynt ill dau yn flaenffrwyth nifer o luniau amrywiol a thrawiadol a welid yn britho pob rhifyn. *Rhaid* fyddai cael un ar y dudalen gyntaf!

Rhan hynod o bwysig o weithgaredd John, y golygydd, oedd denu perchenogion siopau llyfrau ail-law (ynghyd ag unigolion o blith aelodau'r gymdeithas) i hysbysebu yn *Y Casglwr*, yn arbennig i restru llyfrau a gosod ar eu cyfer y pris a ddisgwylid amdanynt. Y rhai cyntaf o blith y llyfrwerthwyr i ymateb i'r ceisiadau hyn oedd y diweddar Watcyn Owain o Bwllheli a Gwilym Tudur o Aberystwyth, a hynny yn ail rifyn y cylchgrawn. O dipyn i beth dilynwyd yr arloeswyr hyn gan eraill. Peth wrth fodd John oedd cynnwys pedwar tudalen cyfan o'r math hwn o hysbyseb yn y pedwerydd rhifyn ar bymtheg – gan fod hyn, wrth gwrs, yn arwain at helaethu'r cylchgrawn. Bu bri nid bychan ar y rhestrau hyn o lyfrau ail-law a buont o fudd mawr i ugeiniau o aelodau'r gymdeithas ac i'r llyfrwerthwyr eu hunain. Er gwaethaf sawl siom ac addewidion gau, llafuriodd John yn galed yn casglu'r hysbysebion hyn, a mynnodd ddyfalbarhau. Croesewid ganddo fân hysbysebion, a nodion byr a elwid ganddo yn 'ffilars'.

Un o'i obeithion mawr – ac un a wireddwyd yn y man – oedd cynyddu cylchrediad a gwerthiant *Y Casglwr* i fil o gopïau, oedd yn gyfystyr â chael mil o aelodau yn perthyn i Gymdeithas Bob Owen. Gwelwyd ef ei hunan yn ymddiosg o'r swildod a'i nodweddai, gan ymroi i genhadu ymhlith ei gydnabod er ceisio cyrraedd y nod hwn. Meddai yn ail rifyn *Y Casglwr*: 'Nid yw cadw'r aelodaeth bresennol yn ddigon, a chyffes ffydd seml y golygydd presennol yw – darllenwyr newydd neu olygydd newydd.' Yn y rhifyn dilynol fe danlinellodd ei weledigaeth: 'Rydym yn gwneud ymdrech fawr i godi'n cylchrediad – ei godi i fil yw'r nod ...' – a hynny pan oedd nifer yr aelodau yn agos at bum cant. Ond hytrach yn araf fu'r twf: 750 yn 1982, 930 yn 1983 a 1,314 yn 1988. Melys moes mwy oedd ei ddyhead wedyn, oherwydd dechreuodd feddwl am gyrraedd y mil a hanner!

Ac yntau'n ddyn mor gydwybodol ac yn cyflawni ei swydd yn gwbl wirfoddol, anodd gan John fyddai goddef yr aelodau hynny a esgeulusai eu tanysgrifiad blynyddol i Gymdeithas Bob Owen – £2 hyd at ymddangosiad rhifyn 32 (Awst 1987) a £3 ar ôl hynny. Roedd â'i lach arnynt yn barhaus, gan gyfaddef fwy nag unwaith ei fod yn seinio 'tôn gron' (rhifynnau 38 a 39). Ond gwyddai ef o'r gorau, gwaetha'r modd, fod drwgdalwyr yn faich ar gymdeithasau eraill heblaw Cymdeithas Bob Owen.

Er mai llwyddiant *Y Casglwr* oedd agosaf at galon John, ni welwyd ef yn esgeuluso'r dim lleiaf ar weithgareddau eraill y gymdeithas – ei stondin flynyddol ar faes y Brifwyl, ei ddarlith flynyddol a'i phwyllgorau. Yn ystod ei dymor ef fel golygydd yr oedd pwyllgor y gymdeithas yn un cryf iawn, ond efallai yn rhy niferus ei aelodau, ac ambell un o'u plith yn orfrwdfrydig yn ei awydd i arbrofi cyn i'r gymdeithas gael ei thraed dani. Mynnai John mai gorau peth oedd cropian yn bwyllog cyn rhuthro i gerdded a baglu.

Tra gwelwyd cryn fynd a dod ymhlith swyddogion

Cymdeithas Bob Owen, gwelodd John yn dda lynu wrth ei swydd, gan sicrhau sefydlogrwydd; mae ef yn batrwm disglair o ddyfalbarhad y byddai'n dda inni geisio ei efelychu. Ac yntau bellach yn 78 oed, yn rhifyn Nadolig 1992 o'r *Casglwr* (48), fe hysbysodd ei fod yn rhoi'r gorau i olygu'r cylchgrawn. Tybed a fu colli ei gyfaill D. Tecwyn Lloyd, cadeirydd y gymdeithas o'r dechreuad, â rhan ym mhenderfyniad John? Ni wyddys mo'r ateb. Bid a fo am hynny, cafodd fyw i weld ffrwyth ei lafur enfawr, a da ganddo fu gweld eraill yn cerdded i mewn i'w lafur er sicrhau parhad Cymdeithas Bob Owen a'i chylchgrawn.

Dyddiau'r Inc

23 Medi 1988

Weithiau fe ddaw rhyw fflach sy'n goleuo rhan o'ch bywyd a chyfran o'ch profiad yn y byd. A chan mai profiadau ei holl bobloedd ac nid y cofnodion am frenhinoedd a chadfridogion ydi hanes, fe fedra i, o bosib, haeru fod y mymryn a welais i'n atgyfodi o'r gorffennol yn berthnasol i'r stori fawr.

Bnawn Mawrth mi ddaeth yr hyn a alwai fy nain yn 'hynt' (o'r Saesneg *hunt*) drosta i. Ac mi fyddai ei 'hynt' hi bob amser yn ei harwain tua Beddgelert a Nanmor lle cafodd ei magu yng nghysgod colofnau fel Carneddog a Wil Oerddwr. Mi aeth fy 'hynt' i â mi'n ôl i Groesoswallt lle treuliais i ddwy flynedd ar bymtheg yn golygu'r *Cymro*. Ac mi fuasa i mi fod wedi troi tua'r fangre ddiwrnod yn ddiweddarach yn rhy hwyr.

Mae Swyddfa'r *Cymro* yn union gyferbyn â'r stesion. Yno roedd hen bencadlys relwe'r Cambrian, ond wedi colli ei hen ogoniant prysur pan welais i'r lle am y tro cyntaf. Bellach, mae'r holl adeilad cadarn yn ei garpiau, y trên olaf wedi hen dynnu at blatfform; dim stêm, dim chwiban, dim portar, dim teithiwr – dim byd. Sawl gwaith trwy ffenestr fy swyddfa y gwelais i Robert Richards yn ymlwybro'n anfodlon o Langynog i ddal y trên am Lundain a Thŷ'r Cyffredin ar fore Llun ac yn galw heibio ar ei ffordd adref ar bnawniau Gwener?

Troi tua'r man lle bu arogl yr inc ym mhobman, lle byddai'r peiriannau *linotype* yn cloncian, y plwm yn ffrwtian yn y ffwrnais a'r injan fawr ar bnawniau Mercher yn corddi dros filiwn o gopïau'r flwyddyn o'r *Cymro* o'i

117

chrombil. Ond doedd yno chwaith neb na dim – dim ond dwy wraig tu ôl i'r cowntar yn disgwyl am amser te cyn cloi'r drysau am byth. Y peiriannau – fel yr argraffwyr a'r newyddiadurwyr – wedi mynd. Rhai wedi symud efo'r cwmni i gartref newydd yn yr Wyddgrug, rhai wedi teimlo fod y fan honno'n rhy bell ac wedi ymddeol, a gormod o'r gweddill wedi ymneilltuo i fannau nad oes 'na byth bythoedd ddod ohonyn nhw. Hen ffrindiau.

Pan ddechreuais i efo nhw, Woodall, Minshall and Thomas oedd enw'r cwmni. A phwy oedden nhw? Nathaniel Minshall ddaeth â'r wasg argraffu gyntaf i Groesoswallt pan oedd y dref yn un Gymreigaidd dros ben yn 1809, ac mae'r enw Albion Hill ar ran o'r dref yn dwyn i gof y wasg gynnar honno – y gyntaf o'r gweisg haearn – yr Albion Press. Edward Woodall oedd un o olygyddion mawr y *Border Counties Advertiser*, sylfaen newyddiadurol y cwmni, yn saithdegau'r ganrif o'r blaen. A'r Thomas oedd tad Rowland Thomas a briododd gantores o Fôn ac a fawr ddatblygodd y busnes ar derfyn y rhyfel mawr cyntaf cyn i'w fab Eric ei ddilyn ac i'w ferch yntau, Patsy – llafnes o hogan ysgol pan oeddwn i'n ei chofio – ddod yn gadeirydd presennol y cwmni. Teulu a barchodd ac a noddodd y Gymraeg – heb ei dysgu.

Hyd ganol y ganrif ddiwethaf roedd y wasg dan lach y gwleidyddion, gyda threth o bedair ceiniog y copi ar bob papur newydd, a thri a chwech – ugain ceiniog newydd – ar bob hysbyseb. Diddymu'r trethi hyn a roddodd yr hwb mawr i'r papurau yn ail hanner yr hen ganrif. Cyn hynny dim ond dau bapur wythnosol Saesneg oedd 'na trwy Ogledd Cymru – y *Chronicle* ym Mangor a'r *Herald* yng Nghaernarfon.

Sefydlwyd yr *Oswestry Advertiser and Railway Guide* yn bapur misol ganol y ganrif pan nad oedd 'na lawn ddeugain o wythnosolion Saesneg – dau hen iawn yn sir Amwythig, y *Ludlow Postman* (1719) a'r *Shrewsbury Chronicle* (1772).

O 1885, pan sefydlwyd *Yr Herald Cymreig*, y daeth yr *Advertiser* yn bapur wythnosol go iawn. Un o'i gyfranwyr mawr oedd Askew Roberts a sefydlodd y golofn werthfawr o henebion, 'Bye Gones', yn 1871 – cyhoeddid ei chynnwys yn gyfrolau a pharhaodd hyd yr ail ryfel.

Prynodd Rowland Thomas hen wasg Hughes a'i Fab, sefydlodd y *Wrexham Leader*, sicrhaodd *Y Ford Gron*, prynodd *Y Cymro*, Dolgellau, am ddau gant a hanner o bunnau yn 1932, a'i droi'n bapur cenedlaethol, a *Brython* Lerpwl am ganpunt yn 1939, a bu datblygiadau enfawr trwy Bowys a Chlwyd a Gwynedd a'r gororau gan gynnwys papur gyda'r nos.

Ond bellach, ysywaeth, mae stori fawr argraffu Croesoswallt – lle bu byw a marw Wiliam Llŷn y cywyddwr a Gwilym Lleyn y llyfryddwr – ar ben, a chrynswth cyfalaf yr hen gwmni yn nwylo'r *Birmingham Mail*. Fel yng Nghaernarfon, lle y dechreuais i, dyw'r inc yn ddim ond atgof ar y gororau hefyd, a'm hen swyddfa gyferbyn â'r hen stesion fel Stafell Cynddylan heb dân dan y ffwrnais, heb wely haearn i'r papurau.

John Roberts Williams, *Nos Wener, Bore Sadwrn*
(Cyhoeddiadau Mei, 1989)

•

BOB GARTRE

Bob Owen yn ei gartre yng Nghroesor gyda'i briod.

WELE GYCHWYN

LLAFUR cariad yw pob tamaid o'r CASGLWR cyntaf yma – a diau y bydd y rhifyn ei hun yn gasgladwy yng nghyflawnder yr amser. A phwy yw'r casglwyr? Yn syml, pob un sy'n prynu llyfr hen neu newydd, neu sy'n prynu darlun neu record o unrhyw gyfnod. Nid at yr arbenigwr yr apelir, ond hyderir y cewch y cynnwys yn ddibynnol, yn gynorthwygar, yn ychwanegiad at eich gwybodaeth, ac yn ddiddan.

Efallai, yn y dyfodol, y medrwn fod yn fwy hael gyda'n cyfranwyr a'n cefnogwyr, ond ar y funud dim ond diolch yw ein lle am help pawb o bob cyfeiriad.

Cafwyd enw'r gymdeithas a sefydlwyd yn y Brifwyl yn Aberteifi – Cymdeithas Bob Owen, o un o fflachiadau ysbrydoledig (prin) Gwilym Tudur. Ac ar gyfer yr aelodau'n unig y wahân i'r rhifyn hwn bydd un arall cyn y Brifwyl a'r trydydd cyn y Nadolig. Fe argreffir, yn ffyddiog braidd, bum can copi o'r rhifyn yma gan obeithio y medrir cael digon o aelodau am ddwy bunt y flwyddyn i hawlio'r rhan fwyaf ohonynt.

Rhifyn gwyliadwrus yw'r cyntaf yma ond gyda phrofiad a chydweithrediad yr aelodau mae'n bosibl ychwanegu at ei faint a'i apêl. Mawr obeithir y gwnewch y defnydd helaethaf ohono trwy gyfrannu, holi, llythyru a hysbysebu. Canys fe'i hargreffir yn y modd rhataf posibl er mwyn medru cynnwys y nifer mwyaf posibl o gyfraniadau.

I fod yn gefn i'r cylchgrawn, fe geisir sefydlu cronfa o fil o bunnau neu ragor i hybu'r gwaith; y llog yn unig a werir o'r gronfa hon. Ond yr aelodau sy'n bwysig, a phe buasai pob aelod yn sicrhau un aelod newydd arall ac yn anfon ei ddwy bunt (siec yn daledig i Gymdeithas Bob Owen a wna'r tro yn iawn) ni buasai'n rhaid pryderu o gwbwl am ddyfodol y Gymdeithas na'r cylchgrawn. Anfoner i'r Parch. Dafydd Wyn Wiliam, Tresalem, Pontyberem, Dyfed os medrwch wneud y gymwynas fach hon – a diolch yn fawr.

Y GRONFA

CYTUNODD pwyllgor 'Cymdeithas Bob Owen' i sefydlu cronfa sylweddol i hybu gweithgarwch y gymdeithas. Bwriedir neilltuo'r llog a geir o'r gronfa hon yn bennaf i dalu costau trymion argraffu a gohebu.

Apelir am roddion neu fenthyciadau i chwyddo'r gronfa hon ar fyrder. Eisoes caed cychwyn da. Hyfryd yw cofnodi mai teulu'r diweddar Bob Owen Croesor oedd y noddwyr cyntaf. Wele restr o'r rhoddion a'r benthyciadau a ddaeth i law:

	£
Teulu Bob Owen	100
Elw y raffl	58.50
Mr/Mrs D. Tecwyn Lloyd	100 (b)
Mrs. Kitty Idwal Jones	10
Owen Morris	5
Gwilym Tudur	100 (b)
Alun R. Edwards	100 (b)
Dr. Meredydd Evans	2
Cyfanswm	**475.50**

Dynoda (b): benthyciad.

Anfoner y rhoddion at y *Trysorydd: Gwyn Jarvis, 4 Cefn Llan, Heol Penuel, Pentyrch, Caerdydd.*

Bron i ugain mlynedd yn ôl treuliodd Dyfed Evans ddyddiau lawer yng nghwmni Bob Owen yn cofnodi stori liwgar ei fywyd o'i enau ei hun. Tu fewn i'r Casglwr heddiw fe gewch bennod ar hugain yn Y Cymro. Bu galw mawr am grynhoi'r cyfan yn gyfrol – ond ryw fodd neu'i gilydd, wnaed dim byd.

Ond yn awr hydera Cymdeithas Bob Owen y bydd y gyfrol o'r wasg erbyn y Brifwyl yn Wrecsam, trwy gydweithrediad rhwng y Gymdeithas a Gwasg Gwynedd – gwasg y mae mawr ddyled iddi am ei help i ddod â'r cylchgrawn yma i olau dydd.

Bydd oddeutu can mil o eiriau yn y gyfrol, ond ceisir ei phrisio mor isel ag sydd bosibl. Ond medr pob un o aelodau Cymdeithas Bob Owen ei sicrhau yn rhatach o chweugain dim ond trefnu i'w chael ar faes y Brifwyl o babell Gwasg Gwynedd. Fe'ch atgoffir o hyn eto pan ddaw rhifyn y Brifwyl o'r Casglwr o'r wasg, ond gellwch roi archeb am eich copi yn awr os dymunwch.

YMHOLIADAU

A OES gennych ymholiad? Eisiau gwybod pa bryd y cyhoeddwyd cyfrol arbennig, efallai, neu am wybod am awdur neu gyhoeddwr. Anfonwch eich ymholiadau – am lyfrau, printiau, lluniau, recordiau a'u cefndiroedd i *Y Casglwr, 18 Minffordd, Llanrug, Caernarfon* ac fe geisir ateb pob cwestiwn sy'n atebadwy.

£58 AT YR ACHOS

PAN GLYWODD Olwen Caradoc Evans am sefydlu 'Cymdeithas Bob Owen' fe fynnodd gynorthwyo trwy roi atgynhyrchiad o ysgythriad Samuel a Nathaniel Buck o dref Caerfyrddin yn rhodd i'r gymdeithas i'w rafflo. Diolchwn iddi am ei nawdd hael a phrydlon.

Gwariwyd £4 ar gofrestru'r raffl, £10.80 am argraffu'r tocynnau a £2.60 oedd costau'r ysgrifennydd – cyfanswm o £17.40. Derbyniwyd £75.00 o werthu'r tocynnau a gedy hynny elw o £58.50.

Enillydd y raffl yw:

> *Miss C. Thomas,*
> *2, Custom House St.,*
> *Aberystwyth.*

Diolchir yn gynnes i bawb gynorthwyodd gyda gwerthu'r tocynnau. Diolch arbennig i berchnogion Siop y Werin, Llanelli, Siop y Pentan, Caerfyrddin a Siop y Pethe, Aberystwyth am ddangos y darlun i'r cyhoedd.

GWASANAETH

MAE'N BOSIBL fod gan rai aelodau ambell i lyfr y hoffai ei werthu a gallasai eraill fod yn chwilio am lyfr arbennig, neu efallai'n chwilio am rifyn neu rifynnau unigol o gylchgronau etc. i gwblhau cyfres.

Hysbysebir eich anghenion am ddim yn Y Casglwr, ond cadwer yr hysbyseb yn fyr a chryno. Anfoner at *Y Casglwr, 18, Minffordd, Llanrug, Gwynedd.*

Rhifyn cyntaf Y Casglwr, Mawrth 1977.

Papur Newydd
6 Chwefror 1999

Ar ddalen flaen *Y Cymro* yr wythnos yma roedd yna stori dda am fwriad Adran Newyddion BBC Cymru, prif wasanaeth newyddion Cymru benbaladr, cyn sefydlu'r Cynulliad, i ddarparu papur newydd dyddiol Cymraeg, fy hen freuddwyd. Ar y we – menter deledol weledol sy'n haeddu mawr groeso a chefnogaeth.

Ond wrth groesawu mae'n rhaid pwysleisio na ddylai hyn daro yn ei dalcen ymgais i gyhoeddi papur dyddiol Cymraeg go iawn. Yn hwnnw y dylesid sicrhau'r darlun cyflawn o'n bywyd, ynghyd â'i bwyso a'i fesur gyda'r farn annibynnol arweiniol.

John Roberts Williams, *Dal i Sbecian dros fy Sbectol*
(Gwasg Gwynedd, 1999)

OS HOFFECH WYBOD

(HOLI HWN A'R LLALL O DDARLLENWYR *YR ANGOR*)

Ugain Cwestiwn o Ysgrifbin y Golygydd y mis yma ac atebion gan

JOHN ROBERTS WILLIAMS

1. Ymhle bu dechrau'r daith?
Ym Mhencaenewydd yn Eifonydd.

2. Yn eich blynyddoedd cynnar (cyn 6 oed) beth a gofiwch yn glir?
Cofio am y tro cyntaf gweld merch mewn clos penglin yn gweithio yng nghoed Glasfryn, cartre Clough Williams-Ellis amser y rhyfel mawr cyntaf.

3. Ar wahân i'ch rhieni, pwy neu beth a fu'n ddylanwad mawr arnoch yn eich plentyndod?
Fawr neb na dim.

4. Beth sy'n peri gofid i chwi yn y gymdeithas heddiw?
Gweld cymdeithas yn codi'n ddigefndir a digariad at yr hen drugareddau a'r hen bobol.

5. Pa un yw eich hoff ddarn o farddoniaeth Gymraeg? (Gall fod yn emyn, englyn, telyneg neu driban).
Fe amrywia o bryd i'w gilydd, ond ar y funud 'Melin Trefin', Crwys.

6. Pwy yw y person yr ydych yn edmygu fwyaf?
Y wobr rhwng yr Arglwydd Gwilym Prys Davies a'r Dr Meredydd Evans.

7. Beth sydd wedi rhoi fwyaf o bleser i chwi fel unigolyn?
Golygu *Y Cymro*.

8. Beth sy'n eich gwylltio fwyaf?
Ceisio gwneud rhywbeth heblaw llanast efo fy nwylo.

9. Pa wlad (ar wahân i Gymru neu Loegr) y byddech yn hoffi treulio blwyddyn neu ddwy o'i mewn?
Yr Eidal.

10. Oes 'na ddarn o lenyddiaeth o unrhyw iaith y byddech yn falch o deimlo mai chwi a'i cyfansoddodd?
Cerdd Omar Khayyam.

11. Pa bregethwr neu areithydd neu ddigrifwr y byddech yn hoffi ei wahodd i'ch cymuned?
Harri Parri.

Robin Griffith

12. A oes gennych hoff raglen radio?
Rhaglenni Geraint Pennant a Gwilym Owen.

13. A oes gennych hoff raglen deledu?
Un bêl-droed yn dangos Lerpwl yn ennill.

14. A oes gennych hoff awdur?
Dim ond hoff awduron.

15. Pa lyfr o'r Beibl y carech ei ddysgu ar y cof a pham?
Caniad Solomon – oherwydd ei Chymraeg, a'i hyd.

16. Pa fath o wyliau y byddwch yn eu mwynhau fwyaf?
Rhai hir a chlir o lan y môr.

17. Oes yna ddywediad neu ddihareb yn Gymraeg neu Saesneg yr hoffwch yn fwy na'r un arall?
Yn ara deg mae dal iâr.

18. A oes gennych eich hoff adeilad?
Nag oes.

19. Pe baech mewn ffordd i roddi £1,000 i'r Angor, a fyddai gennych ddymuniad wrth ei roi?
Dim ond dymuno hir oes i'r Angor.

20. Beth yn y byd hwn yn 2004 sydd yn rhoddi boddhad llwyr i chwi?
Dal yn fyw.

O'r Angor *– papur Cymry Glannau Mersi a Manceinion – yn 2004.*

Roedd John yn feistr ar y pennawd. Roeddwn yn rhyw bwt o was sifil ddechrau'r chwedegau, a chofiaf sylw am John gan un o'n prif weision sifil ar y pryd: 'Watch him. That chap can be dangerous.' Arwydd o barch oedd hynny – parch at newyddiaduraeth.

WYRE THOMAS

Bron yn ddieithriad, sylw olaf John cyn ymadael â'n tŷ ni yn Llanrug ar ddiwedd ymweliad a'i throi hi am adra, fyddai hwn: 'Galwa os w't ti isio help hefo'r *Eco*.' Fi ar y pryd oedd golygydd cwbl ddibrofiad *Eco'r Wyddfa*, ac yn aml iawn byddwn yn picio draw i dŷ John i geisio cyngor – a'i gael. Ia, cyngor gan y golygydd mwyaf craff a llwyddiannus a fu yng Nghymru erioed! Dim rhyfedd fy mod yn cyfrif fy hun y golygydd papur bro mwyaf ffodus yng Nghymru gyfan.

ARWEL JONES

Fel golygydd cyntaf cwbl ddibrofiad *Papur Menai*, y papur bro cyntaf ym Môn, cefais gyfarwyddyd parod gan un na allwn fod wedi cael ei well – cyn-newyddiadurwr proffesiynol a oedd ar fin ymddeol o'i swydd gyda'r BBC ym Mangor, ac yn awyddus i'n helpu. Rhoddodd John Roberts Williams ei stamp ar y rhifynnau cyntaf, a gosod canllawiau cadarn a doeth inni. Yn gyntaf, anogodd ni i ofalu y byddai'n bapur cartrefol ond cwbl broffesiynol ei wedd a'i ddiwyg. Yn ail, siarsiodd ni i wneud defnydd dethol o luniau, a'u gosod lle y disgyn llygad y darllenydd yn naturiol – yn uchel ar y dudalen flaen, yng nghornel dde y drydedd dudalen, ac yn rhywle ar y tudalennau canol! Ac yn olaf, chwilio'n galed am gynifer â phosib o straeon o'r pentrefi yn nalgylch y papur.

O 'mlaen i rŵan mae'r rhifyn cyntaf (Hydref 1976) – a wir, mae o'n edrych yn dda, ar ôl yr holl flynyddoedd. Ar y dudalen flaen mae llun trawiadol Kyffin Williams o Landdona, ac mae lluniau diddorol o Ffair y Borth ar dudalen tri. Ceir hanesion difyr trwyddo i gyd – fel ocsiwn ddodrefn ym Mhlas Newydd, gwyddau'n cael eu gwerthu at y Dolig, a'r actor enwog Andrew Cruickshank ('Dr Cameron') yn darllen *Papur Menai*!

Wedi'n helpu efo'r tri rhifyn cyntaf (a chael lobsgows bob tro i swpar, yn ôl ei ddymuniad!), mynnodd ein bod wedyn yn rhwyfo ein cwch ein hunain.

MARI CHRIS JONES

Calan Mai 2004 oedd y diwrnod a ddewiswyd gennym i lansio Clwb Cefnogwyr *Y Byd* ym Mhortmeirion. Roeddwn yn gwybod bod cael papur dyddiol Cymraeg yn freuddwyd oes gan John, eto yr oeddwn ychydig yn bryderus wrth ei wahodd i siarad yn ein cyfarfod. A oedd ei iechyd yn rhy fregus? A fyddai ei deyrngarwch i'r *Cymro* yn creu rhyw dyndra? Ac yn olaf, yr oedd yn rhaid imi anfon y prosbectws ato fel at bawb arall, ac nid wyf yn gyfforddus yn gofyn am arian gan bensiynwyr! Nid oedd rheswm yn y byd i boeni. Daeth yr ateb y byddai yno, a daeth siec buddsoddi yr un pryd.

Roedd hi'n ddiwrnod braf i ryfeddu – diwrnod euraid yn y cof – ac yr oedd dros gant wedi dod ynghyd i wrando ar John a Jan Morris, ac i glywed am y cynlluniau ar gyfer y papur. Roeddwn yn eistedd wrth ymyl John yn y rhes flaen, ac wrth inni godi ar ddiwedd y cyfarfod, fe afaelodd yn dynn yn fy mraich a dweud, 'Mae hwn yn ymgymeriad arwrol, Ned – arwrol', a gafael yn dynnach fyth. Teimlais ryw nerth rhyfeddol yn treiddio o'r corff crynedig wrth fy ymyl.

NED THOMAS

124

Y NOFELYDD A'R STORÏWR

Y Dyn Difrifol Iawn

Angharad Tomos

Fedra i ddim dychmygu John Roberts Williams fel comedïwr, yn enwedig un ar lwyfan. Yn un peth mi fyddai'n rhaid iddo fod yn llygaid y cyhoedd, ac yn ail byddai'n rhaid iddo hoffi cwmni pob math o bobol – a doedd John Roberts Williams, ar y cyfan, ddim yn enwog am y naill beth na'r llall! Ond byddai aml i gomedïwr yn rhoi'r hyn a feddai am sawl diweddglo clyfar a doniol a gawn ni gan John i'w straeon a'i nofelau.

Yn ei hanfod roedd John Roberts Williams yn ddyn digri iawn, ac yn hoffi chwerthin. Un o'i jôcs gorau – trwy gydol ei fywyd, ac yn enwedig pan oedd o'n hen – oedd cymryd arno ei fod yn Ddyn Difrifol Iawn. Ac eithrio T. H. Parry-Williams, roedd ganddo'r llais gorau yng Nghymru – llais y byddai Mei Lord yr Angau yn eiddigeddus ohono. Fel y dywedodd fy chwaer, petai'n rhaid i Radio Cymru ddarlledu bod diwedd y byd ar ddod, llais John Roberts Williams fyddai'r dewis amlwg i ledaenu'r newydd. Oherwydd y ddawn i gadw wyneb difrifol, a'r llais unigryw, roedd jôc neu dynnu coes yn gymaint mwy annisgwyl ac yn llawer mwy doniol. Wyddech chi ddim yn iawn pryd yr *oedd* o'n tynnu coes.

Pan oeddwn i'n ymchwilio i hanes Caernarfon, ac yn arbennig i'w hanes fel tref newyddiadurol, bûm yn ddigon hy i fynd i Lanrug a churo ar ddrws John Roberts Williams. Cefais groeso cynnes ar ei aelwyd a bu'n hel rhyw gymaint o atgofion. 'Oes ganddoch chi lyfr neu ddau y gallwn eu menthyg?' gofynnais yn ddiniwed. Rhoddodd hunangofiant Puleston Jones i mi ac i ffwrdd â mi. Soniodd o 'run gair am ei atgofion ei hun nac am ei straeon byrion. A phan ddois i o hyd i'r rhain yn y diwedd, byddent wedi bod yn andros o help. Ond dyna roi syniad i chi ddyn mor ddiymhongar oedd o.

Rhan o'i ddeuoliaeth oedd ei swildod ar y naill law a'i ddiddordeb ysol mewn dynoliaeth ar y llaw arall. Roedd o'n ddyn preifat ddychrynllyd, ac eto'n cael ei ryfeddu'n wastadol gan y natur ddynol. Dyna pam yr oedd o cystal newyddiadurwr, ac wedi bod yn ymarfer ei grefft ers ei ddyddiau coleg ym Mangor, wrth gwrs.

*　*　*

Mae taflu cip ar ei nofelau a'i straeon byrion yn dangos cystal dyn oedd o am ddarlunio ambell esiampl o'r hil ddynol. Dyna i chi ei nofel gynnar *Jones y Plisman*, a gyhoeddwyd yn 1942 gan Lyfrau'r Dryw o ganlyniad i gystadleuaeth gan y wasg honno.

Saith ar hugain oedd 'John Aelod Jones' ar y pryd, a chafodd feirniadaeth glodwiw gan Tegla, oherwydd yr hiwmor oedd yn y nofel yn fwy na dim. Yr oedd yn atgoffa Tegla o ddawn Daniel Owen – neu fel petai W. J. Griffith, Henllys Fawr, 'yn llefaru eto'. Ac meddai Tegla wedyn: 'Y mae'r sawl a'i darlleno heb blyciau dilywodraeth o chwerthin, heb i'r frawddeg olaf ei yrru'n deilchion, yn un i ryfeddu ato.' Roedd y Wasg yn falch o'r fath awdur 'mewn dyddiau fel y rhain'.

Ym mhentref bach Abernant, mae tad Hannah Jones ar goll. Pentref gwledig Cymreig yng nghanol y ganrif ddiwethaf yw Abernant, efo'i gymeriadau stoc o ffermwr, plisman a gweinidog. Does gan Mrs Lusa Jones, gwraig y plisman, fawr o amynedd efo'i gŵr diog, ac mae'n edliw iddo nad oes ganddo obaith am ddyrchafiad i fod yn 'syrjant' os na fydd o'n gwneud rhyw ymdrech i ddatrys rhywbeth *mawr* – a diflaniad Harri Jones, tad Hannah, yw ei Gyfle Mawr.

Y stori'n fras yw fod Jones y Plisman, PC 87, yn ceisio'i orau i ddod o hyd i'r Jones colledig, a'i amheuaeth yw fod llofruddiaeth wedi digwydd. Caiff Mrs Jones y Plisman lojar o'r 'Merica, sef y Parch. Hezeciah Jenkins. Daw hwnnw'n ffrind mynwesol i PC 87 ac mae am ei gynorthwyo i ddatrys y dirgelwch; o ganlyniad, mae'r plisman pentref yn dechrau breuddwydio am fywyd gwell:

Gwelai flynyddoedd diffrwyth ei blismonaeth yn diflannu fel y diflannai'r niwlen ysgafn a ymrithiai drwy'r coed yng ngwaelod yr allt ar lan yr afon y munud hwnnw o dan wres newydd yr haul a gryfhâi eiliad ar ôl eiliad. Gwelai'r dyfodol yn glir yn awr. Tair streipan a heddwch . . . Y fath wahaniaeth a allai llawes côt ei wneud i ddyn.

Yn y cyfamser, mae rhywun yn torri mewn i'r Plas ac yn dwyn trysorau o eiddo'r Sgweiar, ond mae Jones yn rhy brysur yn datrys y Dirgelwch Mawr i boeni am hynny! Cedwir ni yn dyfalu tan y bennod olaf un, ac mae'r ddeialog yn byrlymu.

Yn yr arddull a'r geiriau eu hunain y mae'r hiwmor yn aml:

Nid plisman a fu Jones erioed. Yn wir, haerai rhai . . . na bu Jones erioed yn blisman . . . A chan na ddaeth dim gwybodaeth i'r gwrthwyneb i'r amlwg, gellid credu iddo gael ei eni yn y dull arferol.

Ond, er mor ysgafn yw'r deunydd, nid yw'r awdur yn ymatal rhag rhoi clewtan wleidyddol yn awr ac yn y man (sy'n g'letach o gofio'i fod yn ysgrifennu yn 1942):

Rhywbryd yn 1915 cafodd [Jones] drip gyda'r Royal Welch Fusiliers – y fyddin Gymreig nad oes enw Cymreig iddi – i Ffrainc, a threuliodd dair blynedd yn y fan honno yn astudio celfyddyd y bu'n rhaid iddo ei hanghofio yn ddiweddarach, ac yn gweld â'i lygad ei hun gyfraniad gwyddoniaeth fodern i wareiddiad yr ugeinfed ganrif.

Hyd yn oed mewn gwaith cynnar megis hwn, daw dawn John Roberts Williams i ddisgrifio cymeriad i'r amlwg. Mae'n cymryd rhyw dri chant o eiriau ar ddechrau'r nofel i ddisgrifio wyneb Hannah Jones, merch yr Hendre, ac yn llwyddo i gynnwys un neu ddwy o frawddegau, fel yr un ganlynol, na fyddai fyth yn pasio'r sensor yn yr oes wleidyddol gywir hon:

> Nid yn gyffredin y gwelir genethod deunaw oed yn eistedd yn nhalcen y tŷ ar nos Sadwrn braf yn yr haf, os na fyddant yn hyll gynddeiriog wrth gwrs!

Ond mae manylder y portread o wyneb Hannah Jones yn dangos fod meddwl gŵr ffilmiau ar waith. Mae'r gweledol yn hollbwysig iddo.

Yn anffodus, nid Jones y Plisman sy'n datrys dirgelwch y lladrad o'r Plas yn y diwedd, ond Inspector Harding o Scotland Yard. Petai PC 87 wedi darllen y *Police Gazette* bythefnos ynghynt, byddai wedi adnabod llun y lleidr yr oedd mawr chwilio amdano – yr enwog Ali Jenkins. Ond y person yn y llun oedd neb llai na Hezeciah Jenkins! Roedd hwnnw wedi hen ddiflannu o dŷ'r plisman.

Y gelpan olaf yw Jones y Plisman yn gafael yn ei gôt yn ddigalon ac yn sylwi ar dair streipen wen oedd newydd gael eu peintio'n dew ar y llawes! Mae'n gyffyrddiad tebyg i'r un y byddai Charlie Chaplin wedi'i ddewis.

* * *

Ac yntau'n Olygydd *Y Cymro* am bron i ugain mlynedd o 1945 ymlaen, prin oedd ei amser i ysgrifennu'n greadigol, ond canfu amser rywsut i gyhoeddi *Joni Morus*, ei ail nofel, yn 1950.

Mae pennod gyntaf y gyfrol hon yn berl mewn

llenyddiaeth Gymraeg, wrth i John Roberts Williams ddisgrifio'r 'Dref'. Aiff rhagddo i ddisgrifio ei nodweddion, a'r Dref yw ei gynfas i gyfleu natur dynoliaeth:

Aeth pawb i'w ffordd ei hun – rhai i hel pres yn wreiddiol, rhai i'w gwario yn wreiddiol; rhai i agor eu busnes eu hunain, eraill i dorri i'r busnes yna wedi amser cau; rhai i sicrhau anrhydeddau am iddynt sicrhau miloedd o bunnau, rhai i sicrhau chwe mis am sicrhau ychydig sylltau; rhai i weithio heb feddwl am fyw, rhai i fyw heb feddwl am weithio.

Tra cafodd y Gwyddelod eu Stephen Dedalus o bìn ysgrifennu James Joyce, cawsom ninnau ein Joni Morus gan John Roberts Williams. Mae'r Dref yn gyforiog o gymeriadau lliwgar: Ned Parri, Robaits Paragraff, Sam Mari, Arthur Bach, Robin Meinar, Edwa Twilias, Jôs Co-op, Ifor Ediwceshion, yr Hen Adda, Robin Rwdins, Annie Seinia i Ddim – heb sôn am Meri Pwdin Reis, sy'n mynd a dod o'r Ship i'r Plaza, ac o'r Carlton i'r Imperial. Digon hawdd gwybod beth yw eu statws cymdeithasol yn ôl yr hyn a yfant yn y cyfryw gaffis! Adar brith cymdeithas oedd yn mynd â bryd yr awdur, am eu bod gymaint mwy diddorol na'r parchusion, ac yn eu cymryd eu hunain lai o ddifri.

Mae ganddo eirfa gyfoethog yr Eifionydd uniaith Gymraeg i odro'r maeth ohoni, yn ogystal â gwreiddioldeb – er enghraifft, 'gwên debyg i grac mewn cwpan yn hanner ymledu uwch ei ên', ac 'i'r dref Gymreigaidd hon lle mae Sais dieithr cyn amlyced â jiraff'. Mae ganddo hefyd rythm a mydr y pregethwyr mawr Anghydffurfiol y bu raid iddo wrando arnynt yn blentyn, ac a ddaeth yn rhan o'i gynhysgaeth. Dim ond un a fagwyd yn oes aur y capeli fedrai sgwennu darn agoriadol fel hwn i bennod:

Ar awdurdod y Plaza yn y dref, lle cyfrennir mewn oedfaon am chwech ac am wyth bob nos beth gwybodaeth ddaearyddol a hanesyddol yn gymysg â'r ffasiynau diweddaraf mewn coesau, cusanu, caru, canu, drwgweithredu a gwneud ffŵl ohonoch eich hun, daeth yn hysbys i drigolion y dref bod llwythau coedwigoedd pellennig y ddaear yn medru lledaenu newyddion dros ddarn mawr o dir yn wyrthiol o gyflym, er iddynt lwyddo i osgoi holl fendithion gwareiddiad modern.

Y mae gan y Dref hithau ei dull o ledaenu newyddion. A'r digwyddiad sy'n ganolbwynt y nofel yw diflaniad yr Hen Adda o'r fuchedd hon, ynghyd â'i holl anifeiliaid. Y mae'r ddau ddihiryn, Joni Morus a Ned Parri (sydd dan amheuaeth gref) hefyd wedi diflannu. Ymateb y Dref i'w diflaniad yw cnewyllyn y stori, a chaiff y dirgelion oll eu datrys erbyn y diwedd.

Mae'r Sefydliad yn cael dipyn o swadan bob hyn a hyn yn y nofel hon hefyd:

> Gwaith yr heddlu oedd gweinyddu hynny o gyfiawnder a weddai i'r amgylchiad pan ddeuai digon o'r gwirionedd i'r golwg.

Cymeriad difyr yn y stori yw'r Storïwr, sy'n ein tywys yn gelfydd drwy'r stori – 'awn heibio i'r cwteri, a'r rhenti sydd heb eu talu' meddai, fel petai yn ein harwain fraich ym mraich gan sibrwd yn ein clust. Ar yr un pryd, daw'r golygfeydd yn hynod o fyw: 'ymwthiai haul yr hwyr i mewn trwy'r ffenestri llychlyd yn llafnau cringoch', ac yna cawn frawddeg fel hon i gloi'r bennod: 'Yn rhyfedd iawn, machludodd yr haul fel arfer y nos hon'!

Yn ogystal â'r Storïwr, mae'r Dref ei hun yn gymeriad yn y stori: 'Nid y Fainc, nid y Barnwr ar achosion y dref, ond y dref ei hun. Ac yr oedd y dref yn ystyried yr achos.' Mae adleisiau o *Dan y Wenallt* yma. Nid yw'r llinynnau yn cael eu cau mor ddestlus yn y stori hon, ac yn anfoddog y ffarweliwn â'r fan. Yn ei flaen yr aiff bywyd: 'Rhywbeth sy'n symud rhagddo yw bywyd y dref. Symud, symud . . . ' Yna, cawn yr awdur yn taro nodyn od o Galfinaidd:

Yn y dref y mae pawb yn cerdded ei lwybr ei hun yn ei ffordd ei hun. Ac y mae llwybr, ac y mae'n rhaid ei gerdded. Pethau dros amser yw'r cyffroadau. Mae'r dref yn rhywbeth dros byth. Yn y byd, ac eto, ar wahân i'r byd.

* * *

Sawl blwyddyn yn ddiweddarach, yn 1977, fe ddarlledodd John Roberts Williams gyfres o straeon byrion i Radio Cymru. Dychwelyd i'r 'Dref' a wnaeth eto yn *Arch Noa*, gyda Ned Morus (sy'n rhyw gyfuniad o Joni Morus a Ned Parri) ynghyd â'i gyfeillion – adar digon brith bob un ohonynt. Is-deitl y gyfrol ydi 'Straeon Hogia'r Dre'.

Sgwennu yn y person cyntaf a wna, gan ein denu i ganol yr helyntion. Dydi'r awdur ddim yn lecio Ned Morus o gwbl, ac mae'n gas ganddo gael ei weld yn torri gair ag o yn gyhoeddus. Ychwanegu at y digrifwch a wna hyn – y digrifwch gwallgo annisgwyl hwnnw, cyn bod sôn am Monty Python. Er enghraifft, pan mae'n sôn am gelwyddgi, dywed i hwnnw honni iddo weld 'Robin Goch glas. A fedr neb weld dim byd rhyfeddach na hynny'!

Y plisman pentref, Parri Fawr y tro hwn, yw cocyn hitio sawl stori. Boed nhw'n Elis Lectric, Benji Bwtsiar, Ffred Ffurat neu Meri Ceg Fawr, maen nhw'n dal yn gymeriadau llachar o liwgar, sy'n trio cyd-dynnu â'i gilydd yn y tipyn hwn o fyd. Hel straeon yw eu bryd. Boed nhw'n wir ai peidio, does dim ots: 'Doedd neb ar gael . . . i fynd allan yng nghwch Ned Morus i weld rhyfeddodau nad ydynt yn bod, nac i wrando ar straeon na chlywyd sôn amdanyn nhw gan neb arall.'

Dydi John Roberts Williams ddim wedi colli'r ddawn i ddisgrifio'n berffaith, ac mae'r iaith mor raenus ac ystwyth ag erioed a'r *one-liners* yr un mor ddigri. Ac os dymunwch adolygiad llawn o *Arch Noa*, cewch ddarllen un ar dudalennau olaf y gyfrol – gan y Dr E. W. Jones, cymeriad allan o un o'r straeon. Er hwylustod a darbodaeth, mae'r awdur yn ymgorffori'r adolygiad yn y gwaith ei hunan! Gyda llaw, does dim sôn am adolygiad o *Arch Noa* yn naill ai'r *Llenor* na'r *Genhinen* – er i'r rhain adolygu llyfrau eraill o'i eiddo.

Mae'r fagwraeth a gafodd o yn y Gymru Anghydffurfiol – yn gymysg ag iaith gyfoethog gwerinwyr Eifionydd – yn amlwg yma eto, fel pan ddywed am gyfeillion Ned Morus: '[bu'r] rhan fwyaf ohonynt yn gwrando prygethwrs mawr yn eu dydd'. Nid yw'r gynhysgaeth honno i'w chael bellach, ond gwnaeth John Roberts Williams fwy na neb i'w chofnodi trwy ei waith arloesol yn ei ffilmio, yn ogystal â sgwennu amdani mewn llathenni o brint, gan sicrhau bod peth o'r rhin wedi goroesi i'r unfed ganrif ar hugain.

Mi fydd gennym hiraeth mawr amdano; am ei hanesion a'i arferion – a'i bwdin reis a'i bwdin Dolig cartra. Fel y gorffennodd un o'r straeon:

Ac wrth weld llygad Ned Morus yn rhyw hanner troi i 'nghyfeiriad i, mi gofiais yn sydyn fod gen i bwdin reis yn y popty, ac mi fflamiais hi am adre nerth fy nghamau.

Arch Noa

Yr oeddwn i'n cerdded i lawr stryd fawr y dre a 'mhen yn y gwynt yn ôl fy arfer. Fydda i'n gweld neb yn y stryd. Mae'r bobol rydach chi am eu gweld nhw yn brysur efo'u gwaith, ac mae 'na resymau da pam mae'n talu i beidio â gweld y gweddill – pobol y buasai crocodeil yn croesi'r stryd i'w hosgoi nhw pe bai'n eu gweld nhw'n dod mewn pryd.

'Hei,' meddai gwaedd yn fy nghlust i. Wedi i mi gael fy nghlyw yn ôl mi welais pwy oedd yno. Ned Morus. Dydi o ddim yn beth da i chi gael eich gweld yn cyfarch gwell heb sôn am siarad efo pobol fel Ned Morus ar stryd fawr y dre. Nid fy mod i'n hen snob nac yn un sy'n eistedd mewn barn ar bechaduriaid. Ond mae'n rhaid i ddyn feddwl tipyn bach am ei hunan-barch pan mae o mewn lle cyhoeddus. Mater arall ydi hel straeon ym mharlwr cefn y Mona.

Yr oeddwn i ar fin egluro fy mod i ar frys go sownd pan afaelodd o'n dynn yng ngholer fy nghôt i.

'Glywais ti'r stori?'

Do, mi glywais. Roedd pawb yn y dre wedi clywed y stori. Ac, o feddwl am y peth, roedd hi'n stori y mawr hoffwn i gael clywed sut yr oedd hi'n gorffen.

'Yli,' meddwn i. 'Dim ond un peth – sut y cawsoch chi'r stwff i'r lan?'

'A!' meddai Ned. 'Doedd 'na ddim yn y peth. Dim ytôl. Brêns, wyt ti'n gweld?'

'Mi wn i'n iawn am dy frêns di,' meddwn inna. 'Ond dydw i ddim yn gweld. Sut y daeth y stwff yna i'r lan?'

Mi winciodd Ned arna i. 'Wyt ti'n cofio be ddwedodd John Huws am Arch Noa?'

Mi roddodd un winc fawr arall, pwniad reit egar i mi yn

fy mronceitus ac i ffwrdd â fo, gan fy ngadael i efo dwy broblem i feddwl amdanyn nhw yn lle'r un oedd gen i o'r blaen.

Yr oeddwn i, fel pawb arall, yn gwybod yn iawn am John Huws. Hen chwarelwr oedd hwnnw – wedi mynd erstalwm bellach – a'r straeon am ei ddywediadau yn dal yn chwedlau yn y dre. Doedd y rhan fwyaf ohonyn nhw ddim yn wir. Fe fuasai'n rhaid i mi fynd i Fangor i holi Ernest Roberts os oeddwn i am gael pennod ac adnod am John Huws.

Roedd o yn nhraddodiad y celwyddgwn mawr. Fe fu'n gweithio am gyfnod, meddai o, yn y gwesty mwyaf yn y byd. Un mor fawr nes bod yno 'ddau gant o flacs duon, wsti, yn y gegin yn gwneud dim ond cymysgu mwstad'. Ac yr oedd John Huws hefyd wedi gweld Robin Goch glas. A fedr neb weld dim byd rhyfeddach na hynny.

Yr oeddwn i'n cofio cefndir ei stori Arch Noa, er na chlywais i mohoni hi ers cantoedd. Wedi bod yn brolio am ei hynafiaid roedd o, a rhywun yn y criw o anghredinwyr yn y chwarel wedi dweud, braidd yn sbeitlyd, wrtho fo – 'Ma'n debyg y byddi di'n deud nesa fod dy deulu di yn Arch Noa.'

A dyna cyn belled ag y medrwn i fynd efo'r stori. Doedd waeth i mi heb na thwysu na thagu; pe cawn i deyrnas nefoedd fedrwn i yn fy myw gofio beth oedd ateb John Huws – dim ond cofio ei fod o'n ateb da. Ond yr ateb hwnnw, mae'n amlwg, oedd yr ateb hefyd i ddirgelwch Ned Morus. Ac mi ddyweda i hynny a wn i am y dirgelwch hwnnw wrtha chi, yn ôl a lwyddais i i'w gasglu o'r hyn a ddywedodd hwn a'r llall o bobol y dre. Ac mi adawa i y trimins allan – mae straeon y dre yn tueddu i dyfu'n gyflymach na myshrwms dros nos.

Noson braf o haf oedd hi a Michael Anderson, sy'n cadw siop ironmonger fawr yn y dre, wedi bod allan yn ei gwch. Cwch mwy na'r cyffredin – iot pur gostus a pheiriant pur nerthol ynddi hi. Ond mi ddigwyddodd rhywbeth i'r peiriant yn afon Menai pan oedd o'n dod adre. Dydw i ddim yn ddigon o fecanic i fedru dweud yn union wrtha chi beth ddigwyddodd er i amryw fynd i fawr drafferth i geisio egluro'r holl fanylion technegol i mi, ac egluro'n ofer, mae arna i ofn. Ond – i dorri stori hir yn fyr – mi ddechreuodd yr injan rasio'n wallgo a dirybudd gan ddreifio'r cwch yn hollol sownd ar y trai mewn banc mawr o dywod yng nghanol yr afon. Dim gobaith dod oddi yno – ac Anderson yn digwydd bod ar ei ben ei hun. Ond yr oedd ganddo gwch rwber bach yn yr howld – os mai howld rydach chi'n galw gwaelodion iot. Ac wedi iddo archwilio'r peiriant yn bur fanwl a chael rhyw syniad beth aeth o'i le mi welodd yn glir na fedrai ei drwsio yn y fan a'r lle. Hyd yn oed pe medrai, roedd y cwch yn sownd. Felly mi ollyngodd angor a goleuo lamp ar y mast cyn mynd yn ofalus i'r cwch rwber yn y basddwr. Ac ymhen yr hydoedd mi gyrhaeddodd y lan.

Yr oedd Ned Morus wedi spotio'r cwch rwber yn drifftio'n ansicr yn yr afon ac yn aros i weld pwy oedd ynddo fo – rhag ofn. Mi helpodd Michael Anderson i lanio ac mi ddisgwyliodd am ei dip. Ond cyn tynnu dim o'i boced dyma hwnnw'n troi at Ned ac yn dweud fel hyn:

'Yli, Ned, rwyt ti'n lot o betha nad oes gen i ddim i ddeud wrthyn nhw. Ond rwyt ti'n llongwr da ac yn giamstar efo peirianna pan ma hynny'n dy siwtio di. Mi dara i fargan efo chdi. Mi ddo i efo chdi i garej Gwilym i nôl twls, ac mi a' i â chdi efo cwch bach i gwr y tywod yn yr afon, ac mi wyddost 'i fod o'n dywod digon solat i dy ddal di. Mae 'na waith pedair neu bum awr ar yr injan yna, rhwng y weldio a'r cwbwl. Mi fydd y llanw i mewn erbyn hynny a fydd hi ddim yn bell o fod yn ola dydd. Mi ddown i i dy nôl di'n reit fuan ar ôl chwech yn y bora. Ma gin i fy hun dipyn bach o fusnas heno.'

'Deg punt,' meddai Ned. 'Pump rŵan – a phump wedyn.'
Ac felly y bu hi.
Doedd Michael Anderson ddim yn ffŵl. Roedd yna werth

arian yn yr iot – yn ddilladau, gêr pysgota, mân drugareddau a diodydd, gan gynnwys dau neu dri ces o wisgi. Ned oedd yr olaf i gael ei adael ar ei ben ei hun efo pethau felly – neu unrhyw bethau oedd yn perthyn i rywun arall. Ond wrth fynd â fo i'r iot mewn cwch a mynd yn ôl amdano mewn cwch, a hithau'n llwyd-dywyll trwy'r adeg, yr unig beth a fedrai Ned ei wneud fuasai nofio i'r lan â'r trysorau ar ei gefn. Ac yr oedd hynny'n amhosibl.

Mi fu'r ddau yn stwyrian o gwmpas y dre am gryn hanner awr – rhwng cael gafael ar Gwilym a chael y tŵls o'r garej. Ac mi fynnodd Ned bicio i'r Mona i ddweud wrth un o'i ffrindiau am ddweud wrth y wraig na fyddai adre tan y bore. Doedd Anderson ddim yn bleidiol o gwbwl i ollwng Ned o'i olwg am foment, nes i hwnnw bwysleisio na fuasai mil o bunnau'n ddigon am aros allan trwy'r nos heb i'r musus gael gwybod. Fuasai'r helynt fuasai hi wedi ei chodi ddim wedi dechrau tawelu pan ddeuai'n Ddolig.

Roedd Anderson yn ddigon tawel ei feddwl pan ddaeth yn ôl o ddanfon Ned a mynd ar ôl ei 'dipyn busnes'. Peth handi oedd hi hefyd. Fe ddeuai o Edinburgh i aros am noson neu ddwy yn y Lion bob rhyw hyn a hyn. Gryn dipyn yn ieuengach nag Anderson, a hwnnw'n cymryd arno ei bod yn nith iddo trwy wraig gyntaf ei frawd hyna. Ond mwy o gysylltiad agos nac o berthynas bell oedd yna, fel y gwyddai pawb yn y dre. A phan landiodd yn hwyr yn y Lion y noson honno soniodd o ddim am y ddamwain i'r iot rhag tynnu gormod o sylw ato'i hun.

Drannoeth roedd Anderson yn stryffaglio o'r Lion ar godiad. Aeth i nôl ei gwch bach ac ar y penllanw ar doriad gwawr dechreuodd dynnu tua'r iot. Roedd y tywod wedi diflannu a'r llong yn siglo'n braf wrth angor. Dim golwg o neb ar y bwrdd. Wedi byrddio doedd yno na siw na miw na golwg ar Ned. Aeth i lawr at yr injan. Roedd Ned yno – yn cysgu fel mochyn a'r tŵls i gyd o'i gwmpas. Mi gafodd drafferth na fu'r fath beth i'w ddeffro ac yr oedd yno ddigon o ogla diod i daro dyn i lawr. Prin y medrai Ned sefyll ar ei draed. Roedd hi'n fwy nac amlwg ei fod wedi dod o hyd i'r wisgi.

'Nefoedd wen' – ac amryw o ebychiadau llawer iawn cryfach a mwy anystyriol – meddai Anderson, cyn mynd i weld faint o wisgi oedd wedi mynd.

Yr oedd y cwbwl wedi mynd. Y wisgi i gyd ar wahân i ddwy botel wag, gweddill y diodydd, yr holl gêr pysgota gan gynnwys rhwyd, dilladau, sgidiau, set radio ac amryw fân betheuach. Pob peth. Wedi mynd.

Roedd Ned wedi taflu'r cyfan i'r môr yn ei ddiod – neu roedd rhyw dylwyth teg wedi medru cael y job lot i'r lan. Cyn i'r gynddaredd fynd yn drech na fo mi edrychodd Anderson yn hir ac yn fanwl ar y môr o'i gwmpas. Pe buasai'r cargo wedi ei daflu i'r pysgod mi fuasai yna rywbeth yn bownd o fod yn nofio ar yr wyneb yn rhywle. Ond – affliw o ddim ond môr. Nid i'r dŵr yr aeth y cargo.

Roedd Ned yn rhy floesg ac ansad i ddweud dim byd dealladwy, a doedd o ddim yn trio'n rhyw galed iawn chwaith. Ond yn ôl yr ychydig a glywais i mi fu yno helynt a hanner. Doedd hyd yn oed Ned ddim yn barod i fanylu'n ddiweddarach – dim ond cydnabod mai cael a chael wnaeth o i rwystro Anderson i'w daflu i'r afon yn y fan a'r lle.

Yn y diwedd mi lusgwyd Ned i'r cwch bach a'i lusgo'n syth o'r lan i orsaf yr heddlu. Mi adroddodd Anderson ei stori'n llawn o'r dechrau, ar wahân i sôn am yr ychydig fusnes yna oedd ganddo yn y Lion. Ac mi wyddai Parri Fawr y sarjant fwy nag oedd yn ei ddweud am y busnes hwnnw.

Mi wnaeth Ned ei hun yn gartrefol yn yr orsaf; yr oedd wedi bod yno o'r blaen – fwy nag unwaith. Ac mi sobrodd ddigon i fynd trwy ei stori ac i lynu wrthi. A waeth faint a waeddai Parri Fawr yn ei glustiau wnaeth o ddim newid yr un sill ohoni hi.

Stori fach syml, hawdd i'w chofio a dal ati hi. Fel y

cytunodd i gael peiriant yr iot i aildanio, fel y cafodd ei rwyfo hyd at y banc tywod ac yna bustachu efo'r tŵls at y llong. Rhoi disgrifiad maith a lliwgar o'r bustachu. Cael golwg bach o gwmpas y llong cyn dechrau arni hi i fod yn siŵr fod popeth yn saff a rhyw ddigwydd gweld ces o boteli hynod debyg i boteli wisgi ar dop ces neu ddau pur debyg arall. Penderfynu archwilio. Ond dechrau teimlo'n hynod wantan wedi'r siwrnai trwy'r tywod.

'Teimlo bod rhywbeth yn dod drosta i,' meddai Ned. 'Wyddoch chi'r teimlad yna rydach chi'n 'i gal pan ydach chi ar fin ffeintio?'

Ond, doedd ar Parri Fawr ddim eisiau clywed sôn am y teimlad na chael disgrifiad manylach ohono.

Wrth orffen ei stori eglurodd Ned ei fod wedi mynd i deimlo mor wan nes iddo wneud peth na fuasai'n breuddwydio ei wneud pe bai'n teimlo fel y fo ei hun – sef yfed yn ddifeddwl botelaid gyfan o wisgi rhywun arall yn y gobaith y gallasai hynny helpu i ddod â fo ato'i hun. Ond dim ond cof bach am yfed y botel oedd ganddo.

'Ia,' sylwodd Parri Fawr, yn sychlyd braidd. 'A beth am y botal arall?'

'Pa botal arall?'

'Yr ail.'

'Argoledig, ddyn – peidiwch â deud 'mod i wedi yfad dwy? Mi allasai fod wedi'n lladd i mor hawdd â dim. Ma'n rhaid 'mod i'n waelach nag oeddwn i'n meddwl. Lwcus 'mod i'n fyw!'

Beth am y tŵls a'r job ar y peiriant?

Wel – mae dyn nad yw'n dda yn ei chael hi'n reit anodd i fynd i'r afael â pheiriant llong, a honno ar y môr. Rhaid bod yn sobor i wneud job felly.

Felly – chyffyrddodd o ddim yn y peiriant?

'Wel,' meddai Ned. 'Os gwnes i, ma'n rhaid mai yn fy nghwsg y gwnes i. Ma' pobol wedi cael tropyn yn ormod yn gwneud petha rhyfadd iawn weithia.'

Mi roddodd Parri ei ddoniau mawr i gyd ar waith i geisio cael rhyw syniad be ddigwyddodd i'r cargo, heb i neb fod fymryn yn nes i'r lan. Unwaith yn unig y cafwyd unrhyw help gan Ned.

'Ylwch, Parri,' meddai. 'Rydw i'n rhyw ddechra ama ych bod chi, fel finna, yn poeni am y cargo. Fedra i feddwl – a trio'ch helpu chi rydw i cofiwch – fedra i feddwl am ddim ond am un ffordd y medra neb gal y stwff yna o'r llong.'

'Wel?'

'Helicoptar.'

'Helicoptar o ddiawl,' sgyrnygodd Parri.

Yn y diwedd fe fu'n rhaid gadael i Ned fynd.

Bygythiad gan Parri, 'Dydi'r busnas yma ddim wedi gorffan o bell ffordd.' Addewid gan Ned, 'Parri, os meddylia i am rwbath, wrtha chi y deuda i gynta un.'

A dyna'r stori. Roedd pawb yn y dre yn ei gwybod hi a phawb yn gwybod yn iawn pwy oedd yr euog. Ond neb yn medru datrys y dirgelwch.

A dyma lle'r ydyn ni'n mynd yn ôl at John Huws ac Arch Noa.

Mi grafais fy mhen ac mi feddyliais ac mi feddyliais ac mi feddyliais. Ac – yn y diwedd – mi gofiais.

Yr ateb a roddodd John Huws i'r chwarelwr a ddywedodd wrtho 'Ma'n debyg y byddi di'n deud nesa fod dy deulu di yn Arch Noa' oedd:

'Nag oeddan, fachgen. Roedd gynnon ni'n cwch yn hunain.'

John Roberts Williams, *Arch Noa a rhai o'r Creaduriaid*
(Gwasg Gwynedd, 1977)

'Mam, mae'r dyn 'na sy'n gwisgo sbectol bob amsar yn dechra siarad *rŵan*.' Dyna eiriau Guto, fy mab, pan alwodd arna i un tro i ddod i'r gegin i wrando ar *Dros fy Sbectol* ar y radio yn ôl fy arfer. I lawer ohonom, dyna oedd John Roberts Williams – awdur a dehonglwr y sgwrs ddifyr honno na fynnem ei cholli bob nos Wener cyn y newyddion chwech o'r gloch. Am flynyddoedd doeddwn i ddim yn ymwybodol o'i ddawn fel nofelydd ac awdur straeon byrion mewn cyfnod cynharach.

Dair blynedd yn ôl, daeth gwahoddiad trwy'r post i John [Ogwen] a minnau i gymryd rhan mewn cyfarfod teyrnged iddo yng Nghapel Pencaenewydd yn ardal ei lencyndod. Ffrind mawr iddo, y Dr Meredydd Evans, fu'n dewis a dethol y darnau o'i waith creadigol i ni eu darllen, ac amrywiai'r detholiadau o ran naws o'r digrif i'r dwys a'r difrifol. Yn y cyfarfod, yr hyn a drawodd John a minnau oedd yr ymateb – distawrwydd llethol un funud, ac yna, er bod yr hiwmor yn naturiol wedi dyddio tipyn ar ôl yr holl flynyddoedd, llond capel o chwerthin wrth inni ddarllen hanesion doniol fel yr un am Wil Napoleon a'r bwch gafr! All yr un perfformiwr argyhoeddi cynulleidfa heb fod ganddo yn gyntaf y 'stwff' i wneud hynny.

Y mae yna, ambell dro – nid yn aml iawn – rywbeth yn digwydd yn ystod perfformiad. Yn ein profiad ni'n dau, prynhawn felly oedd hwnnw.

MAUREEN RHYS

TACLO'R TONFEDDI

MEISTR Y MEICROFFON

R. ALUN EVANS

Stiwdant (nid myfyriwr) oedd John pan ddarlledodd o ar y radio am y tro cyntaf erioed, a hynny o Fryn Meirion, canolfan y BBC ym Mangor, yn 1936.

Stiwdants! Cymdeithas arbennig o bobl a gysylltid â smaldod a chadw reiat; criw rhyfeddol o rad i'w cyflogi. Ar anogaeth Gruffudd Parry, gwelwyd y John Roberts Williams ifanc yn un o ddau ddwsin a groesodd y ffordd o'r coleg i'r Tŷ Darlledu i fod yn *crowd effects* yng nghyfres Ambrose Bebb i ysgolion ar hanes cestyll Cymru – cyfres ar 'hanes Lloegr yng Nghymru' dan gyfarwyddyd Sam Jones. Mewn rhaglenni o'r fath yr oedd yn rhaid cael cast mawr, gan fod brenin a llys ym mhob gwers ac yna filwyr i ymosod ar y llys hwnnw. Ymhlith y 'milwyr dewr' a chwythai fygythion mileinig ar donfeddi'r awyr yr oedd yr heddychlon John a'i gyfaill mynwesol D. Tecwyn Lloyd, a Gruffudd Parry. Byddai pob stiwdant yn ennill pum swllt am ei ran yn y dorf.

Ddeugain mlynedd union yn ddiweddarach, 'ar ddiwrnod chwilboeth o haf aur 1976' (y pnawn y llosgodd adeilad yr ASDA newydd yn Llandudno), byddai John yn ymddeol fel Pennaeth y BBC ym Mangor i dorri ei gŵys ei hun ac edrych dros ei sbectol, nid am bum swllt ond am bum munud bob wythnos ar Radio Cymru, a gwneud hynny hyd ei farw.

Ar ei gyfaddefiad ei hun, pan oedd angen Pennaeth ym Mangor yn 1970 i olynu W. R. Owen (a olynodd Sam Jones yn 1964), er y pwysau a roed arno, 'yr oeddwn yn amharod i gynnig amdani [am y swydd]. Roedd y teledu wedi gafael ynof ac yr oedd gorsaf Bangor ar wastad ei chefn a'r ysbryd ar ei isaf yno oherwydd y cwtogi enfawr.'

Roedd John yn Bennaeth da yn ôl tystiolaeth y staff oedd yno ar y pryd. Tra credai rhai mai rhoi hen geffyl ffyddlon allan i bori a wnaed, roedd mwy o gic ynddo nag a ragwelodd neb. Bu'n cicio tros y tresi ar ran Bangor ar adeg dyngedfennol. Gan i W. R. Owen ddod i Fangor ar ôl cyfnod yn Bennaeth yn Abertawe, a gweld cau yr orsaf honno, yr oedd 'na deimlad cryf ymhlith y cynhyrchwyr mai dyna oedd y bwriad ar gyfer Bangor hefyd. Byddai rhaglenni a recordiwyd yno yn cael eu hanfon i Gaerdydd i'w darlledu ac, o ganlyniad, fel rhaglenni Caerdydd y byddent yn cyfrif yn ystadegol. Ymddangosai cynnyrch Bangor, ar bapur, yn isel. Wedi i John gyrraedd, daeth terfyn ar yr arfer hwnnw. Fe roddodd ei droed yn y drws.

Yr her a welai John o'i flaen oedd amlhau rhaglenni, codi'r ysbryd a chodi stiwdio deledu. Dyma'r dyddiau pan oedd pobl y Gogledd yn gorfod teithio i Fanceinion i gyfrannu i raglen deledu fel *Heddiw*, a Harri Gwynn yn anfon ei adroddiadau ffilm efo moto-beic i Gaerdydd i gael eu golygu. Erbyn 26 Gorffennaf 1971 roedd stiwdio deledu fechan Bangor wedi ei hagor. (Doedd a wnelo'r ffaith fod yr Eisteddfod Genedlaethol i'w chynnal yn y ddinas wythnos yn ddiweddarach ddim byd â hyn, mae'n siŵr!)

Cyfnod ansicr i radio oedd hwn, a theledu'n llowcio'r dafell ariannol a'r dalent greadigol. Ni allai'r penaethiaid yng Nghaerdydd benderfynu ai yn y bore cynnar neu ar amser cinio yr oedd rhaglenni radio i fod. Gyda'r nos, doedd yna'r un gair o Gymraeg.

Y peth cyntaf a wnaeth John oedd cynnig rhaglen gyda'r nos ar nos Sul. Gofynnodd Lorraine Davies, a oedd erbyn hynny'n Bennaeth Adran yn y BBC yng Nghaerdydd, iddo ai rhaglen i blesio pawb fyddai *Rhwng Gŵyl a Gwaith*? Atebodd yntau y byddai'n *rhaid* iddi fod yn rhaglen i blesio pawb, gan nad oedd dim arall ar gael – 'ac os na wnaiff hi blesio neb, wel, *hard luck*! Mae'n rhaid dechrau yn rhywle.'

Yr hyn a wnaeth o oedd dilyn esiampl ei arwr a'i ffrind mawr, Sam Jones, yng nghyfnod *Wedi'r Oedfa*. Roedd y ddau yn gyn-fyfyrwyr Coleg y Brifysgol, Bangor (er nad yn gyfoeswyr); yn newyddiadurwyr; yn osgoi siarad yn gyhoeddus; yn osgoi gweinyddiaeth, hyd y medrid; yn gallu bod yn 'styfnig; yn ddau yr ymestynnwyd eu cyfnodau fel Penaethiaid ym Mangor – ac, fel y dywedodd John yn ei deyrnged i Sam Jones ar ddydd ei angladd, yn ddau ddaru ddianc rhag cael eu carcharu'n athrawon ysgol, ac yn ddau oedd *wedi*'u carcharu gan y radio. Roedd gan y ddau hefyd y ddawn i adnabod dawn. Datblygodd Ifor Bowen Griffith, cyflwynydd *Rhwng Gŵyl a Gwaith*, yn ddarlledwr penigamp. Fe synnech chi gymaint o bobl, yn eu plith lawer o wragedd parchus iawn, fyddai'n 'mynd i'r gwely' efo I. B. bob nos Sul am flynyddoedd! Gwahoddwyd I. B. gan John i gyflwyno'r rhaglen nos Sul 'am dri mis' – a barodd am ugain mlynedd.

O'i swyddfa ym Mron Castell neu o'i gartref yn Llanrug, byddai'r Pennaeth yn gwrando ar raglenni pob cynhyrchydd. Byddai'n trafod eu cynnwys ac yn gwneud awgrymiadau, heb fyth ymyrryd. Ys dywed y cynhyrchydd drama, Dafydd Huw Williams: 'Roedd o'n adeiladol-feirniadol. Ond os oeddet ti'n cynhyrchu *dud*, roeddet ti'n cael gwybod hynny.' Un peth a âi dan ei groen oedd clywed cyflwynydd yn dyfynnu pennill neu emyn yn anghywir, neu'n cambriodoli llinell i awdur. Iddo fo, diffyg gonestrwydd a diffyg gofal oedd peth felly – dau o'r diffygion pennaf – a disgynnai fel tunnell o frics ar ben cynhyrchydd esgeulus.

Wedi dweud hynny, onid ef ei hun a ganiataodd i Robin Williams ddynwared Henry Lloyd Owen am rifyn cyfan o *Byd Natur*, heb gyfaddef hynny, pan fethodd y naturiaethwr ddarlledu oherwydd salwch? A beth am y gyfres *Yr Eiddoch yn Gywir* a gyflwynodd ef ei hun? Bwriad hon oedd bod yn llwyfan llafar i farn y gwrandawyr. Ond, at ei gilydd, pobl parod i gwyno ond amharod i fynegi barn oedd y Cymry bryd hyn. Felly gorchwyl i eraill o aelodau staff y BBC fyddai llunio llythyrau i'r gyfres, yn amlach na pheidio, gan dadogi'r llythyrau hynny ar fodrabedd o'r Rhos, neu ar 'Mr Jones o Landudno' neu'r 'Fones Davies o Fôn'. Diau y byddai John yn galw hyn yn dwyll diniwed.

Yr oedd ganddo glust i ofynion y gymdeithas o'i gwmpas. Fel Sam Jones o'i flaen, nid *Audience Research* a ddywedai wrtho beth oedd chwaeth y gynulleidfa. Yr oedd ganddo ef reddf gynhenid i fesur peth felly.

Nid oedd ganddo feddwl technegol o fath yn y byd. Cymharol anaml yr âi ar gyfyl stiwdio. Gadawai'r gwaith o recordio sgyrsiau i'r technegwyr, a'r dasg o'u golygu i'r peirianwyr. Byddai ef wedi gwneud y gwaith o olygu sgriptiau ar bapur cyn i'r cyfrannwr gyrraedd y stiwdio. Dwi'n ei gofio'n gwahodd Pedwarawd y Wenallt (minnau'n un o'r pedwarawd) i Neuadd y Penrhyn – 'Penrhyn Hall' ar lafar – i recordio caneuon. Doedd John ddim ar y cyfyl, ond bore drannoeth daeth ar y ffôn i fynegi ei bleser o'r hyn a glywsai. Ei hoff air oedd 'ffantastig'.

Darlledodd deyrnged i Idris Roberts, newyddiadurwr gwych yn y Stafell Newyddion, ar *Bore Da*. Wedi'r darllediad, gadawsai ei sgript ar ôl ar fwrdd y stiwdio. Sylwodd y cynhyrchydd y bore hwnnw, Alwyn Samuel, wrth gasglu'r papurau, gynifer o eiriau a chymalau oedd wedi eu croesi allan yn llawysgrifen John er mwyn gwella ar y deyrnged, 'a phob gwelliant yn rhagori ar y gwreiddiol'. Un arall o rinweddau John oedd bod yn hunan-feirniadol; diau fod dylanwad dadansoddol Nan Davies arno i'r cyfeiriad hwnnw.

Yn raddol, braenarodd y tir ar gyfer ei olynwyr trwy ddatblygu adrannau arbenigol ym Mangor. Roedd adrannau Cerdd, Crefydd, Newyddion ac Addysg yn bod yno eisoes. Fe ychwanegwyd (neu fe adferwyd) adrannau Drama, Nodwedd ac Amaeth hefyd. Bu Lorraine Davies, fel

Pennaeth Radio, yn gefn iddo mewn datblygiadau o'r fath. Yr oedd 'babi Sam' yn tyfu'n ddyn.

Darlledodd John Roberts Williams ei sgwrs radio gyntaf yn y gyfres *Dros fy Sbectol* (Wyre Thomas biau'r teitl) nos Wener, 7 Ionawr 1977. Dyma'r adeg pan oedd ei olynydd fel Pennaeth ym Mangor, Meirion Edwards, yn gosod seiliau gwasanaeth Radio Cymru. Dibrofiad oedd llawer o'r newyddiadurwyr a benodwyd ar gyfer yr ehangu oedd ar fin digwydd. Roedd Meirion yn awyddus i greu gofod i lais newyddiadurwr profiadol a theg. Profiadol? Nid o flaen y meicroffon! Atgof y technegwr Cedric Jones, wrth i John ddarlledu'r sgwrs gyntaf un honno yn Stiwdio 3, oedd ei fod 'yn crynu fel deilen, yn smocio un sigarét ar ôl y llall, ac yn amau'r doethineb o fod wedi derbyn y gwahoddiad'. Yn sicr, bu tegwch yn rheol aur i John; bu'n deg, gyson deg, â'i gynulleidfa nad oedd ganddi'r cyfle i ateb yn ôl. Ond, er ei holl ymroddiad i'w alwedigaeth, John fyddai'r cyntaf i gyfaddef nad ydi newyddiaduraeth o dragwyddol bwys.

Tros gyfnod o ymron i naw mlynedd ar hugain, ac ymhell dros fil o sgyrsiau, daeth y llais lleddf, undonog yn un o leisiau mwyaf cyfarwydd, ac yn sicr mwyaf treiddgar, Radio Cymru. 'Treiddgar', 'smala', 'cyfuniad o'r doniol a'r difrif', 'cyforiog o hiwmor', 'cynnil', 'craff' – am John y dywedwyd yr holl bethau yna. Yr oedd yn cymryd golwg ar bethau'r byd, a honno'n olwg radical, o barch i'w wreiddiau yn yr Eifionydd uniaith Gymraeg a fodolai yn ei blentyndod. Fuodd o erioed yn rhan o'r Sefydliad. Fe dyfodd i fod yn sefydliad.

Y Filfed Sgwrs
2 Mawrth 1996

Pe bai gan y sgyrsiau hyn dafod mi fuasent yn bownd o ddweud wrthych heddiw mai dyma'r filfed sgwrs – di-dor ar wahân i un wythnos oherwydd y Nadolig, er nos Wener gyntaf 1977. Ond gan nad oes ganddyn nhw dafod, gobeithio y maddeuwch i mi, heddiw, am adrodd eu hanes a diolch i chwi am eu gwrando.

Y flwyddyn wedi'r haf crasboeth hwnnw oedd hi – a minnau newydd feddwl fy mod wedi riteirio – pan ofynnodd Meirion Edwards a fuaswn yn rhoi sgwrs radio fer, wythnosol, i drafod materion cyfoes yn fy ffordd fy hun.

'Am ba hyd?' meddwn i.

'Am byth,' medda fo.

Ond, na phoenwch, ddaw hi ddim i hynny. Felly, pum munud cyn chwech ar nos Wener ac ailadrodd hynny, ynghyd â chyfweliad, am ddeng munud i naw ar foreau Sadwrn, fu hi am gryn sbelan. Yna, cael gwared â'r cyfweliad a newid yr ailadrodd i bum munud ar hugain wedi saith ar fore Sadwrn cyn symud yn ddiweddarach i bum munud i wyth – lle maen nhw o hyd. Ond yr ailadrodd bellach am bum munud ar hugain wedi wyth ar nos Sul. A fu unrhyw newid er gwell sydd fater arall.

Mae'r sgyrsiau cyntaf i gyd ar goll ond diogelwyd y gweddill: ac wedi hen berswadio gan Guto Roberts y cytunais i gyhoeddi detholiad ohonynt. Roeddwn yn amharod am mai newyddiaduraeth ar gyfer eu dydd ac nid ar gyfer tragwyddoldeb oeddan nhw, a llawer ohonynt yn ddiystyr wedi eu tynnu o'u cefndir. Mae'r pumed casgliad ar y gweill erbyn hyn. Doedd dim problem gosod teitl ar y gyfrol gyntaf – sef *Dros fy Sbectol*. Dim problem fawr efo'r ail – *O Wythnos i Wythnos*. Nid mor hawdd wedyn a setlo ar *Nos Wener, Bore Sadwrn*, gan roi *Pum Munud i Chwech – ac i Wyth* ar y bedwaredd gyfrol. Teitl syml y gyfrol nesaf – diolch i Guto – fydd *Mil a Mwy*, ac ef a Marian yn dal i ofalu am holl drafferthion y cyhoeddi – bendith ar eu pennau.

Bu nifer o gynhyrchwyr yn gofalu am y rhaglen ym Mangor, a'r cyntaf, Wyre Thomas, a osododd *Dros fy Sbectol* yn deitl. Gyda llaw, dim ond i ddarllen ac ati y byddaf yn gwisgo sbectol. Dilynwyd Wyre gan Gwyn Llewelyn, hen gyd-weithiwr yn nydd Teledu Cymru; ac yn ddiweddar Glyn Thomas ydi'r cynhyrchydd clên – a'm diolch yn fawr iawn i bob un ohonynt.

Darlledwyd rhai o'r sgyrsiau o fannau cyn belled oddi wrth ei gilydd â Truro a Toronto, ac am ddeng wythnos – pan dorrais fy ffêr – o gartre'r teulu yng Nghaerdydd, ac mewn llawysgrifen mae pob un o'r sgyrsiau er y cychwyn cyntaf.

Buasai'n rhaid i mi fod yn fwy o sant na Dewi pe na bawn yn ystod y mil o ddarlledidau wedi gwneud rhai camgymeriadau, ond wnes i ddim cam bwriadol â neb – os caf feiddio defnyddio geiriau Gweinidogion y Goron. A phan wnes i gamddeall, mi gywirais, am fy mod yn ymwybodol o faint fy mraint.

O edrych yn ôl heibio i bedwar ugain pwdin Dolig, pedair wyres fach, a thros ugain mlynedd chwyldroadol i bawb, mi gefais brofiad o ddeunaw mlynedd o Doriaeth; o ddiwygiad electronig; o ddau ryfel; o ddadgenedlaetholi; o ddegymol drefn; o ddinasyddiaeth Ewropeaidd; o ddadfeilio'r Wladwriaeth Les; o ddifrodi'r ysgolion; o ddatgymalu'r ysbytai; o ddiffeithio cefn gwlad; o ddilyw o fewnlifiad; o ddymchwel yr eglwysi; o ddyrchafu'r tafarndai; o ddychweliad y bomiau Gwyddelig; o Ddeddf Iaith; o ddefnyddio geiriau fel 'dominyddu'; o ddatblygu ysgolion

Cymraeg a phapurau bro, ac o ddatganoli ar y gorwel. A chip ar yr hanes ynghadw yn y sgyrsiau i rywrai a ddaw.

Os holwch beth wnes i yn y chwyldro, mi roddaf ateb hen abad yn Ffrainc pan holwyd hwnnw beth wnaeth o yn y chwyldro mawr, ac a orfodwyd i ateb – 'Goroesi'.

Ond pan fyddaf i'n mynd mi fydd yna bennod o hanes yr hen Gymru Gymraeg yn mynd efo mi – na chlywodd Saesneg ac na welodd Sais yn nyddiau ei blentyndod gwladaidd yn Eifionydd.

John Roberts Williams, *Mil a Mwy*
(Gwasg Dwyfor, 1996)

Am rai blynyddoedd yn yr wythdegau cynnar, y fi a 'gynhyrchai' *Dros fy Sbectol*. Yn fwriadol y rhoddais i'r dyfynodau o bobtu'r gair – y diffiniad o 'gynhyrchu' yn yr achos yna oedd y byddwn i yn y stiwdio ym Mangor yn ddeddfol bob prynhawn Gwener fel rhyw fath o ddolen gyswllt rhwng John a'r peiriannydd sain.

Roedd i bob recordiad wythnosol ei batrwm pendant. John yn cyrraedd o Lanrug am ddau. Nid pum munud i na phum munud wedi. Ar ben dau. Ei sgript, bron yn ddifeth, yn ei law. Dwy dudalen o lawysgrifen y byddai'n bosib, gydag ymdrech, i rywun arall eu darllen. Beiro las. Dim marjin. Y geiriau yn llanw dwy ochr – dim mwy, dim llai – o ben eitha'r dudalen i'w gwaelod isaf. Dyna'r mesur oedd yn rhoi i'r sgript ei hyd. Roedd *stopwatch*, hyd yn oed, yn declyn rhy gymhleth i John! Munud neu ddau i ddal pen rheswm, ac yna i'r stiwdio. Ar y golau gwyrdd, i ffwrdd â fo. Anaml y clywid mefl yn y traddodi – a hyd yn oed pan ddigwyddai hynny, prin y gadawai le i neb roi rasel yn y tâp cyn ei fod yn ailgychwyn. Yn sicr, byddai angen dyn dewrach na mi i ofyn iddo ailrecordio!

Weithiau gadawai'r sgriptiau ar ei ôl yn y stiwdio. Rwy'n difaru, bellach, na chedwais i mohonyn nhw. Alla i ond diolch i mi, am chwarter canrif, gadw'r tapiau o'i sgyrsiau mewn bocsys yn atig y tŷ acw, ac iddyn nhw yn y diwedd fod o fudd i Alun Rhys wrth iddo olygu'r gyfrol olaf o sgyrsiau John, *Ffarwél i'r Sbectol*.

GWYN LLEWELYN

'Sut mae'r dyn gas heddiw?' Am flynyddoedd, dyna fyddai cyfarchiad cynta John pan gerddai i mewn i Stafell Newyddion y BBC ym Mangor am un ar ddeg y bore ar gyfer recordio rhifyn yr wythnos o *Dros fy Sbectol*. Cyfeirio yn ei ffordd bryfoclyd ei hun yr oedd o, wrth gwrs, at 'Y Golofn Gas' yn y cylchgrawn *Golwg* – a bob bore Gwener byddai ganddo ymateb cadarnhaol gefnogol i'r hyn yr oeddwn i wedi ei sgriblo. Ond och a gwae – un bore Gwener dyma fo'n agor y drws a dim sôn am 'y dyn gas'. Dim arlliw o wên, dim ond wyneb sarrug yn gwgu. 'Rhag dy gywilydd di,' medda fo, 'yn sgwennu'r fath ffwlbri yr wythnos yma. Paid byth â gwneud y fath beth eto. Wyt ti ddim yn deall cymaint ddaru pobl aberthu i sicrhau yr hawl yr wyt ti mor barod i'w daflu heibio? Rwyt ti'n gwbl anghyfrifol!'

A'm pechod? Awgrymu fy mod i am atal fy mhleidlais yn Etholiad 2001. Roeddwn i wedi pechu go iawn. Ddeudodd o ddim gair pellach, dim ond recordio ei sgwrs a gadael heb yngan gair. Bu'n wythnos hir a phryderus. Ond y bore Gwener dilynol, agorodd y drws. 'Sut mae'r dyn gas heddiw?' medda fo. Roedd John wedi maddau, a minnau wedi dysgu gwers.

GWILYM OWEN

Dwi'n cofio'n iawn y tro cyntaf i mi glywed ei lais. Myfyrwraig yn y Brifysgol yn Aberystwyth oeddwn i, a Radio Cymru newydd ddechrau darlledu. Byddwn yn gwrando'n ddyddiol ar *Post Prynhawn*, wrth gwrs, ond yr uchafbwynt yn ddi-os fyddai rhifyn dydd Gwener, pryd yr edrychai'r darlledwr praffaf yn yr iaith Gymraeg dros ei enwog sbectol! Doedd 'na neb arall a oedd â'i fys mor sicr ar byls y Gymru gyfoes, ac arhosai cyfoeth ei eiriau pryfoclyd yn hir yn y cof.

Rhyfeddod i mi, felly, oedd cael yr anrhydedd o gamu i'w esgidiau fel Pennaeth y BBC yn y Gogledd. Braint o'r mwyaf hefyd fu derbyn gwahoddiad, ychydig cyn ei farw, i'w gyflwyno i'r Is-Ganghellor i'w anrhydeddu'n Gymrawd er Anrhydedd ym Mhrifysgol Cymru, Bangor, ochr yn ochr ag enwogion fel Glenys Kinnock a'r pêl-droediwr Mark Hughes. Roedd John wedi dotio! Gwerthfawrogiad o gyfraniad gwych yn genedlaethol a sefydliadol yw'r 'Cymrawd', ac fel un a fu'n destun eilunaddoliad i genedlaethau o newyddiadurwyr fel fi, does gen i ddim amheuaeth nad oedd o'n llwyr deilyngu'r anrhydedd!

MARIAN WYN JONES

Ar ddechrau 2004 y dechreuodd iechyd John ddirywio, ac o'r herwydd roedd o'n methu mynd i Fangor i recordio *Dros fy Sbectol*. Bob dydd Iau, felly, arferwn fynd i'w gartref yn Llanrug i recordio'r sgwrs. Roedd rhaid i mi fod yno erbyn un ar ddeg o'r gloch; pe digwyddwn fod yn hwyr, mi fyddai John ar bigau'r drain. Aem ati'n syth i recordio, a rhyfeddwn at ei broffesiynoldeb ac yntau'n naw deg oed ac wedi darlledu cyhyd. Unwaith y byddai'r sgwrs ar dâp, byddai'n ymlacio, a chaem sgwrsio wedyn am ryw hanner awr – a finnau'n rhyfeddu eto at ehangder ei wybodaeth. Gofynnais iddo unwaith be fuodd o'n ei wneud ar ôl ymddeol, a'r ateb ges i oedd: 'Chwarae golff yn sâl yn Nefyn!' Gallwn gydymdeimlo!

Ar Fedi'r unfed ar bymtheg, cefais alwad i ddweud fod John yn Ysbyty Gwynedd. Euthum yno i recordio'r sgwrs ond dywedodd fod ei lais yn rhy wan, a gofynnodd i mi ei ddarllen yn ei le. 'Hon,' meddai, 'ydi'r sgwrs olaf.' Wedi naw mlynedd ar hugain o *Dros fy Sbectol*, gallasai'r achlysur fod yn un pur emosiynol, ond na, roedd John yn gwbwl hunanfeddiannol ac yn gwbwl broffesiynol.

Dyn preifat iawn oedd o, ac roedd bod mewn ward agored yn yr ysbyty yn dân ar ei groen. Yn ystod un ymweliad, mi ddaru rhywun ollwng rhywbeth ar lawr y ward, a'r sŵn yn diasbedain. Meddai John wrtha i, 'Rhywun wedi saethu'i hun yma,' ac wedyn, ar yr un gwynt a heb arlliw o wên, 'Wela i ddim bai arno fo!'

ALUN RHYS

Y SYLWEDYDD CYMDEITHASOL

LLAIS CENEDL
GWILYM PRYS DAVIES

Fe ddywedir mai'r llanc yw tad y dyn. Yr oedd John Roberts Williams yn un o'r myfyrwyr yng Ngholeg Bangor a ffurfiodd, yn 1936, y mudiad Gwerin i weithio at y nod o gymathu cenedlaetholdeb Cymreig a sosialaeth. 'Gwerin' ydi teitl yr wythfed bennod o'i gyfrol hunangofiannol, *Yr eiddoch yn gywir* (1990), ac wrth ei chloi fe ddywed:

> O edrych ar heddiw fe welir nad oedd yr holl fudiad ymhell ohoni hi; mae Plaid Cymru wedi closio at sosialaeth a'r Blaid Lafur o leia'n barod i ystyried datganoli. Troeon yr yrfa.

Ni pherthynodd i'r un o'r ddwy blaid nac i unrhyw grŵp gwleidyddol ar wahân i Gwerin yn y tridegau, ac ni chefnodd ar weledigaeth Gwerin.

Byddai John yn falch o bob cyfle i ddatgan i'r byd, 'Mi wn mai un o blant Eifionydd ydw i.' Gwelai gryfder Cymru yn y diwylliant Cymraeg a oedd ym meddiant gwerin Gymraeg Eifionydd pan oedd ef yn blentyn, ac sydd, er ei wanychu, yno o hyd. Byddaf yn meddwl yn aml y gellid cymhwyso geiriau W. J. Gruffydd am berthynas O. M. Edwards â Llanuwchllyn, fel y'u gwelir yn ei gofiant *Owen Morgan Edwards* (1937), at berthynas John Roberts Williams ag Eifionydd:

> Y peth y meddyliai ef amdano oedd yr hyn a welodd yn Llanuwchllyn – diwylliant gwerinol, Ymneilltuol, amhendefigaidd. Ei gredo oedd na welodd y byd erioed

y fath werin; ei grefydd oedd penderfynu cadw y rhagor hwn yn y werin honno.

Yn oes O. M. Edwards (1858–1920) yr oedd y diwylliant hwnnw yn gadarn, ond erbyn canol yr ugeinfed ganrif daeth tro ar fyd. Dechreuwyd ei erydu gan newidiadau economaidd, technegol a chymdeithasol. Daeth John yn ymwybodol o beryglon yr erydu mor gynnar â dechrau'r pumdegau, o bosib. (O hynny ymlaen aeth yr erydu rhagddo'n eithriadol o gyflym a di-dor, wrth gwrs.) Gwelai'r effeithiau allanol ar Gymru, a chyfeiriai'n gyson atynt maes o law: 'dymchwel yr eglwysi', 'diffeithio cefn gwlad', 'dilyw o fewnlifiad', 'dyrchafu'r tafarndai', a 'defnyddio geiriau fel "dominyddu" '. Ac wrth iddo glywed canu geiriau Eben Fardd:

> Rhof fy nhroed y fan a fynnwyf
> Ar sigledig bethau'r byd . . .

addefai, 'Ni fedrwn beidio â meddwl am yr etifeddiaeth yn Llangybi, yn Eifionydd, yn y Gymru Gymraeg.' Poenai am yr effaith ddifaol ar gyfansoddiad cenedligrwydd Cymru. Beth am y rhagolygon? Daeth yn argyhoeddedig na fedrai'r cenedligrwydd hwnnw oroesi marwolaeth y Gymraeg. Pe digwyddai ei thranc, ni fyddai wedyn angen sôn am ddinasyddion dwyieithog, na galw am gymathu. Iddo ef, fel i Emrys ap Iwan a Saunders Lewis yn hyn o beth, y Gymraeg oedd sylfaen cenedligrwydd Cymreig.

Yng nghanol y corstir peryglus gwelai John y llecynnau gleision, wrth gwrs. Cefnogodd y sefydliadau newydd a enillwyd yn ystod y cyfnod diweddar: yr ysgolion Cymraeg, papurau bro, y sianel deledu Gymraeg, lle priodol i'r Gymraeg yn y cwricwlwm addysg, Deddfau Iaith, a threfn ddatganoledig. Ond er cystal yr holl ddatblygiadau hyn, ni chafodd John ei fodloni bod y Gymraeg wedi cyrraedd trobwynt yn ei hanes, a bod ei dyfodol mwyach yn ddiogel.

Er eu bod yn ddylanwadol, nid oeddynt yn ddigonol ynddynt eu hunain i ddiogelu'r etifeddiaeth. Yn hytrach, mynnodd John ein bod yn myfyrio ar y dystiolaeth yn ei chyfanrwydd ar le'r Gymraeg ym mywyd Cymru gyfoes a'i thrigolion sy'n dymuno byw eu bywyd trwy gyfrwng y Gymraeg i'r graddau mwyaf posib, a gweld bod bygythion dinistriol yn dal i ymffurfio. Er ei fod yn hwyr yn y dydd, eto credai y gellid sicrhau parhad a datblygiad y Gymraeg, ond nid heb benderfyniad ar ein rhan i weithio'n ddiarbed i atgyfnerthu'r cymunedau Cymraeg ac i ennill deddfwriaeth flaengar i greu'r amodau a'r sefydliadau i hyrwyddo ei datblygiad ym mywyd Cymru. Dyna oedd tasg fawr y presennol. Nid oedd wedi newid ei feddwl am bwysigrwydd gwelediad Gwerin yn y tridegau, ond er hynny, erbyn iddo ddychwelyd adref i Wynedd yn 1970, credai mai sicrhau bod y Gymraeg yn parhau yn iaith fyw yn y bywyd cyfoes oedd y dasg a alwai am flaenoriaeth uchaf y Cymry. Carwn awgrymu'n gryf mai dyna fu cenhadaeth bwysicaf ei fywyd.

Prif gyfrwng y genhadaeth honno oedd ei sgyrsiau radio a ddarlledwyd bob penwythnos yn ddi-ffael dros wyth mlynedd ar hugain olaf ei fywyd – sgyrsiau byr a threfnus, diddorol a bywiog ar faterion y dydd a draddodwyd mewn Cymraeg rhywiog, yn frith o hiwmor neu smaldod. Gallai'r pwnc fod yn ymddangosiadol ddibwys, ond roedd yr awdur yn ddigon craff i weld bod iddo arwyddocâd neu wers i'r Gymru Gymraeg. Anaml y clywid ef yn athronyddu; dyna dasg i'w gyfaill da, 'y doctor Merêd'. Roedd yn well gan John gyflwyno dameg amserol neu dynnu gwers rybuddiol. Gan ei fod yn llais annibynnol ar bob plaid ac yn parchu safonau uchaf newyddiaduraeth – eglurder, cywirdeb, trylwyredd a gochelyd rhag gwneud cam bwriadol â'r rhai nad oedd yn cyd-fynd â'i ddadansoddiad, nag â neb arall o ran hynny – roedd gan ei gynulleidfa ffydd yn ei farn am y materion oedd o dragwyddol bwys i'r Gymru Gymraeg. Daeth gwrando ar ei sgwrs radio yn un o brif eitemau'r calendr wythnosol i laweroedd o Gymry meddylgar a boenai am ddyfodol y genedl Gymreig, fel y bu darllen 'Cwrs y Byd' unigryw Saunders Lewis yn *Y Faner*. Efô, John Roberts Williams, oedd lleferydd cliriaf y genedl Gymreig ar ddiwedd y ganrif ddiwethaf.

Honnwyd gan rai fod ei bwyslais ar Eifionydd yn arwydd o blwyfoldeb, yn yr ystyr o gulni meddwl ar ei ran. Mae'r feirniadaeth honno yn chwerthinllyd ac yn llwyr anwybyddu ehangder ei feddwl, a oedd yn cwmpasu ystod lydan o ddiddordebau – fel y dengys y gyfrol hon. Hefyd, roedd yn ddarllenwr mawr am y byd a'r betws y tu allan i Gymru. Er enghraifft, tua diwedd ei oes, un o'r llyfrau a roes y pleser mwyaf iddo oedd hunangofiant y gwron Nelson Mandela. Ac wedi rhyfel Irac bu wrthi'n cloddio mewn cyfieithiad ac esboniad Saesneg (dwy fil o ddudalennau o hyd) o'r *Qur'an* gan Abdullah Yusuf Ali. Nid oedd ganddo le yn ei feddwl na'i galon i gulni.

Yn ogystal â'i gymwynasau mawr ac amlwg â Chymru er ei ddyddiau yng Ngholeg Bangor, gwnaeth John aml gymwynas â Chymru allan o olwg ac o glyw y byd. Carwn gofnodi un enghraifft. Pan oeddwn i'n gynghorydd i John Morris, Ysgrifennydd Cymru yn y saithdegau, roeddwn yn awyddus i gael yr uchel weision sifil ym Mharc Cathays – dynion profiadol, craff a dylanwadol – i gyfarfod ag arweinwyr ifainc Cymdeithas yr Iaith. Ond gan fod y Gymdeithas yn gweithredu'n anghyfansoddiadol roedd y gweision sifil yn amheus o briodoldeb yr holl syniad. Cytunwyd yn y diwedd i drefnu cyfarfod ar un amod, a'r amod honno oedd fod sicrwydd ymlaen llaw y byddai'r arweinwyr ifainc yn ymateb yn adeiladol. John Roberts Williams oedd y cyfryngwr amlwg i fraenaru'r tir. Roedd gennyf ymddiriedaeth yn ei farn a'i ddoethineb. Ymgymerodd yntau â'r dasg, a chynhaliwyd y cyfarfod. Mae'n dda gennyf gydnabod y gymwynas honno.

Rŵan, priodol ydi gofyn beth yn y chwyldro mawr a

gyfrannodd John Roberts Williams i fywyd Cymru Fydd? Fe gymer amser hir i ddylanwadu ar agwedd meddwl gwlad, i gywiro hen ragfarnau a newid arferion. Ond credaf y gwelir iddo wneud o leiaf dri chyfraniad a fydd yn bwysig yn y blynyddoedd a ddaw.

Yn gyntaf, trwy ei fedrusrwydd proffesiynol fel newyddiadurwr ynghyd â'i genhadaeth sicr ar gyfer dyfodol ei genedl, cyfrannodd at lunio corff o feddwl gwleidyddol Cymreig i fynnu bod cenedligrwydd Cymreig cyflawn yn parhau i fodoli. Ni chwblhawyd y dasg honno eto.

Yn ail, addysgodd ei gyd-Gymry i beidio â rhamantu, ond yn hytrach i barchu ffeithiau a manteisio ar bob cyfle i weithio'n ymarferol i gryfhau'r Gymraeg a'r fro Gymraeg a hawliau ieithyddol y dinesydd Cymraeg, gan gadw mewn cof, fel arfer, yr hen ddoethineb 'bod ennill rhywfaint yn well nag ennill dim'.

Yn drydydd, yn ei gyfrolau *Dros fy Sbectol,* trysorodd gloddfa o wybodaeth am fywyd y Gymru Gymraeg yn y ganrif ddiwethaf a fydd nid yn unig yn ganllawiau gwerthfawr i ymchwilwyr am byth, ond hefyd yn ysbrydiaeth i'r dinesydd o Gymro tra pery i ddarllen y Gymraeg.

Ond cofier y cawn John ei hun yn cyfeirio, yn ei filfed sgwrs, at ei ran yn y chwyldro mawr:

Os holwch beth wnes i yn y chwyldro, mi roddaf ateb hen abad yn Ffrainc pan holwyd hwnnw beth wnaeth o yn y chwyldro mawr, ac a orfodwyd i ateb – 'Goroesi'.

'Goroesi'. Atebiad trawiadol yn dangos bod ei feddwl mor siarp ag erioed. Dyma enghraifft berffaith o'i hiwmor.

Terfynaf trwy ddiolch am gyfraniad pellgyrhaeddol y Cymro talentog hwn i fywyd ein cenedl mewn cyfnod chwyldroadol ac argyfyngus yn ei hanes. 'Da was, da a ffyddlon.'

Y Noson Fawr
20 Medi 1997

Mi fuaswn i'n hapus pe cawswn i yn y sgwrs yma wneud dim ond gweiddi un gair a thawelu. Y gair HALELIWIA. Oherwydd rydw i wedi cael y fraint o gael byw yn ddigon hir i wrando ar y ddrama wleidyddol fwyaf syfrdanol a fu ar lwyfan Cymru – fuasai'r duwiau ddim wedi medru'i threfnu'n effeithiolach. Drama cyhoeddi canlyniadau'r refferendwm – a'r canlyniad terfynol yn un o'r rhai mwyaf hanesyddol yn hanes Cymru – y pwysicaf un, medrid dadlau.

Rhaid i mi gydnabod mai pryderus ac nid hyderus oeddwn i. A phan ddaeth canlyniad Wrecsam ar Radio Cymru a'r ddau a'i dilynodd, roedd y golau coch yn disgleirio. Gorfod f'atgoffa fy hun o'r hyn a welais yn digwydd ddeunaw mlynedd yn ôl pan gafwyd pedair pleidlais yn erbyn datganoli am bob un o blaid. Ac ar dro hanner nos fore Gwener, ar y naill law digalondid o glywed 'NA' yn dod o'r tair etholaeth gyntaf a chalondid o weld y cynnydd sylweddol yn y bleidlais tros y Cynulliad. A'r digalondid yn dychwelyd o synhwyro nad oedd y cau ar y bwlch yn ddigonol yn yr un o'r tri chanlyniad.

Ac i fyny ac i lawr y bu'r galon nes cyrraedd y canlyniad olaf un. Blaenau Gwent Llew Smith gyda'i 'IE' ysgytwol wedi codi 'nghalon. Ac yn wir codi'r galon wnaeth canlyniadau pob un o etholaethau'r Aelodau Seneddol Llafur a wrthryfelodd yn erbyn cefnogaeth swyddogol eu plaid. Alan Rogers yn cael cic yn ei din yn y Rhondda, lle bu'r ddwy wraig Lafurol yn arwain eu hymgyrch egsentric tros 'NA', a'r un dynged i Ray Powell yn Ogwr ac, yn annisgwyl i mi, i Alan Williams yn Abertawe. Abertawe o bobman yn cefnogi Senedd yng Nghaerdydd, ond pobl Caerdydd yn ei gwrthod.

Ac ar gyrion y Rhondda, yr hen dref radicalaidd Merthyr Tudful hefyd yn arddel ei gwreiddiau Cymreig gydag 'IE'. Mi fuasai S. O. Davies, yr oeddwn yn ei adnabod yn dda, yn gorfoleddu ac yn ein hatgoffa iddo fo ddod â'i fesur ei hun tros Senedd i Gymru i sylw Senedd Westminster. Ni ddisgwylid i Gasnewydd ddweud 'IE', er i'r bleidlais o blaid gynyddu, ond yn dilyn cefnogaeth sylweddol y Rhondda ac un dda Ogwr, dyma hwb enfawr i'r galon gan ganlyniad Castell-nedd/Port Talbot, etifeddiaeth Peter Hain a weithiodd fel llew ond nid fel Llew Smith. Ac os oedd 'IE' Caerffili'r egnïol Ron Davies yn weddol, roedd o'n ddigon.

Ond gyda dim ond dau ganlyniad ar ôl roedd y 'NA' dros ddeng mil ar hugain o bleidleisiau ar y blaen i'r 'IE', a'r rhagolwg yn ddu bitsh. Ac os oedd yna fannau golau roedd gogledd Cymru gyfan wedi dweud 'NA', ar wahân i Ynys Môn a ddywedodd 'IE' gyda'r mwyafrif cwta o 554 pleidlais. Canlyniad oedd yn codi cwestiwn y medrid ei gyffredinol godi – sef, gyda phob plaid yn uno yn erbyn y Toriaid, gyda Môn yn yr Etholiad Cyffredinol wedi cael mwyafrif i Blaid Cymru a phleidlais gref i Lafur, pam roedd y mwyafrif mor fach? Yr ateb ym Môn oedd agwedd mewnfudwyr, ond hefyd ynghyd â diffyg y rhai a bleidleisiodd tros Lafur yn yr Etholiad i fwrw pleidlais 'IE' y tro hwn.

Oddeutu hanner awr wedi tri fore Gwener wele Wynedd yn llefaru gyda mwyafrif mor sylweddol tros 'IE' nes dod â llygedyn o obaith – ond un bach iawn. Ac wele uchafbwynt hanesyddol y noson. Roedd angen mwyafrif anhygoel o fawr o Shir Gâr, yr olaf un, os oedd yna obaith am gario'r dydd. Ac yn syfrdanol fe'i cafwyd – a digon dros ben i roi tua chwe mil o fwyafrif tros i Gymru gael y corff gwleidyddol cyntaf yn ei hanes i ofalu am y genedl gyfan o

Wynedd i Went. Corff y bydd Cymru'n democrataidd benderfynu ar union natur ei awdurdod ddyddiau pell a ddaw. Sylfaen y dyfodol. Haleliwia!

Ar y dechrau, mi ddywedais mai pryderus ac nid hyderus oeddwn i. Roedd y bwganod a'r rhagfarnau ar waith. A'r hunllef y tu ôl i fy meddwl oedd beth allasai ddigwydd pe methai Cymru ag uno i ddweud 'IE' y tro yma. Yr Alban wedi llefaru ac mi fuasai yna refferendwm tros rywfaint o hunanlywodraeth i Lundain fis Mai nesaf – a'r ymateb fuasai 'IE'. Pe ailetholid Llafur buasai rhanbarthau Lloegr yn cael dweud 'IE' – ac mi fuasai problem Gogledd Iwerddon wedi ei setlo rywfodd. Gallasai hyn oll olygu mai Cymru'n unig a reolid yn gyfan gwbl gan Westminster. A dyna be ydi hunllef.

John Roberts Williams, *Dal i Sbecian dros fy Sbectol*
(Gwasg Gwynedd, 1999)

Mi fyddwn yn edrych ymlaen at nos Wener – at y pum munud hwnnw pan fyddai John Roberts Williams yn rhoi ei farn ar y byd a'i bethau. Bob wythnos, roedd ganddo bwt amserol, ac roedd rhywun eisiau gwybod sut oedd y gwynt yn chwythu o'i gyfeiriad o. I raddau, teimlwn fel tasa Moses yn dod i lawr o'r uchelfannau i ddweud wrthym pa gam i'w gymryd nesaf – neu i roi gwybod inni a oedd yr hyn a wnaethon ni fel Cymry yr wythnos honno yn cael sêl ei fendith. Wedi'r cwbwl, onid oedd y Methiwsela hwn wedi tramwyo tir Cymru 'nôl yn y tridegau pell?

Pam oedd ei farn o mor bwysig? Am ei fod o'n perthyn i stoc mor brin: roedd o wedi cael y 'peth' hwnnw na all y rhan fwyaf ohonom heddiw ei ddychmygu – y fraint o fyw mewn cymdeithas uniaith Gymraeg. Gwyddai'n iawn gymaint o fraint ydoedd, ond gwyddai hefyd faint y golled. Ei gonsýrn am y golled honno oedd y rheswm pam yr oeddem yn ei barchu i'r fath raddau.

ANGHARAD TOMOS

Ymddiddori mewn chwaraeon

DILYN Y PELI

ROBIN VAUGHAN WILLIAMS

Bu gan fy nhad ddiddordeb mawr mewn chwaraeon trwy gydol ei fywyd (fel chwaraewr yn ogystal ag fel gwyliwr). Yn ei lencyndod, chwaraeai bêl-droed dros Bencaenewydd, a phan oedd yn ei wythdegau roedd yn dal i chwarae golff yn Nefyn gyda Dyfed Evans a chyfeillion eraill.

Ei gariad mawr oedd pêl-droed, ac ymddangosai adroddiadau ganddo ar gêmau yn *Y Cymro* pan oedd yn olygydd y papur, a ninnau'n byw yng Nghroesoswallt. Dechreuom ein dau fynd i wylio pêl-droed hefo'n gilydd tua 1960: mynd i'r Cae Ras pan oedd Arfon Griffiths a Wyn Davies yn chwarae i Wrecsam. Fe deithiom hefyd i Maine Road i wylio 'Cardiff City' (fel y galwai ef y tîm bob amser!) yn chwarae yn yr Adran Gyntaf yn erbyn Manchester City, a gynhwysai chwaraewyr chwedlonol fel Denis Law a Bert Trautmann yn y tîm. Dwi'n dal i gofio'r sgôr, 4–2 – a Chaerdydd yn colli!

Pan symudom ni i Gaerdydd yn gynnar yn y chwedegau, roedd gennym docynnau tymor yn eisteddle Canton i wylio tîm y ddinas, oedd newydd fynd i lawr i'r Ail Adran. Yn y tîm roedd Ivor Allchurch, a sgoriodd gyda pheniad yng ngêm gynta'r tymor – gêm gyfartal, 4–4, yn erbyn Newcastle United.

Daeth arwr mawr fy nhad, John Charles, i mewn i'r tîm yn fuan wedyn. Roedd yn tynnu at ddiwedd ei yrfa bryd hynny ond roedd yn dal yn gawr ar y maes pêl-droed, a gallai benio pêl yn galetach nag y gallai'r rhan fwyaf ei chicio. Mewn partneriaeth â chymydog i ni, Alun Priday (cefnwr tîm rygbi Caerdydd), agorodd John Charles siop chwaraeon yn Rhiwbeina. Yn anffodus, ni fu'r fenter yn llwyddiant, ond trwyddi fe gawsom ni'r fraint o gyfarfod 'y cawr addfwyn'.

Ychydig iawn o ddiddordeb oedd gan fy nhad mewn rygbi, ar wahân i orfoleddu pan roddai Cymru gweir i Loegr! Ond, ar wahoddiad Alun Priday, gwelsom Gaerdydd yn cael eu trechu 6–5 gan Grysau Duon ardderchog Wilson Whineray fis Tachwedd 1963 (gêm a chwaraewyd drannoeth llofruddiaeth yr Arlywydd Kennedy).

Fe ddilynom ni'n dau dîm pêl-droed Caerdydd trwy eu gorchestion Ewropeaidd pan gyrhaeddon nhw rownd gynderfynol y 'Cup Winners' Cup' yn 1968, a bod bron iawn, iawn â dod i'r rownd derfynol yn erbyn AC Milan, nes i gamgymeriad gan y gôl-geidwad a cholli o 3 i 2 eu hamddifadu o'r cyfle. Bryd hynny, fel o hyd, 'i fyny ac i lawr' yw hi bob gafael wrth gefnogi Caerdydd – i lawr yn amlach nag ar i fyny! Ond, i mi, uchafbwynt pob wythnos oedd y Sadwrn, a Nhad yn coginio bacwn, wy, pys a thatws stwnsh inni i ginio, cyn i'r ddau ohonom gychwyn am y gêm tua dau o'r gloch, a chymryd ein seddau yn yr eisteddle.

Cymerodd Nhad ddiddordeb brwd yng ngyrfa John Toshack, a phroffwydodd, pan oedd hwnnw'n llencyn heglog ac yn chwarae i Gaerdydd, y byddai'n dod yn un o sêr y dyfodol. Cefnogodd rai eraill talentog hefyd, fel Ian Rush a Ryan Giggs. Maes o law, daeth yn gefnogwr cadair freichiau i 'Man U', a gweld Giggs yn disgleirio yn y tîm.

Y gêm bêl-droed ryngwladol gyntaf i mi gael mynd iddi yn ei gwmni oedd yr un yn erbyn yr Alban ym Mharc Ninian yn 1964, a Chymru'n cael buddugoliaeth ryfeddol, diolch i gôl gan Wyn Davies a dwy gan Ken Leek. Yr olaf inni fynd iddi gyda'n gilydd oedd yr un dorcalonnus honno yn erbyn România ar Barc yr Arfau yn 1993, pan gollodd Cymru'r cyfle i ymddangos yn rowndiau terfynol Cwpan y Byd yn America y flwyddyn ganlynol.

Wedi iddo fynd i fyw i Lanrug, ac yntau'n dod ar ei dro i aros efo ni yng Nghaerdydd (adeg y Nadolig a'r Pasg, fel arfer), fe aem bob cyfle posib ar bererindod i Barc Ninian. Am dros ddeng mlynedd ar hugain, ni welodd mo'i hoff 'Cardiff City' yn colli unwaith – tan y flwyddyn olaf un, pan welodd o nhw'n colli ddwywaith!

* * *

Ar ôl pêl-droed, ei hoff gêm oedd criced. Cawsom ein dau weld tîm Ossie Wheatley yn chwarae ar Barc yr Arfau sawl gwaith yn y chwedegau – unwaith yn gofiadwy iawn yn erbyn India'r Gorllewin yn 1963, a'r Alan Jones ifanc yn agor y batio i Forgannwg. Roedd yn llawn edmygedd o chwaraewyr chwedlonol eraill fel Jeff Jones, Don Shepherd, Jim Pressdee, Tony Lewis a Peter Walker. Ond roedd o wrth ei fodd hefyd hefo steil, afiaith ac egni ymosodol cricedwyr India'r Gorllewin, yn enwedig Gary Sobers ac, yn ddiweddarach, Viv Richards.

Roedd yn ffan mawr o Tony Lewis, a gwylltiai'n aml pan na châi hwnnw ei ddewis i chwarae i Loegr, a rhai llai talentog nag ef o Middlesex a Surrey yn cael eu dewis. Mae gen i gof clir o deithio un tro efo Nhad i Sain Helen, a gweld Tony Lewis yn sgorio cant yn erbyn De Affrica. Ond y rheswm pennaf dros imi gofio'r achlysur hwnnw ydi mai taith wallgof yn erbyn y cloc a fu hi yno ar hyd yr hen A48! Mae ffrindiau imi yn dal i sôn mewn rhyfeddod am y modd y cwblhaodd Nhad y daith ddeugain milltir o Gaerdydd mewn record o amser. (Yn yr un modd, byddai ei wyresau wrth eu boddau yn cael reid mewn car a Taid yn ei yrru, ac yn cyffelybu'r profiad i 'white-knuckle ride' mewn parc hamdden!)

Yng Nghaergaint, a ninnau'n aros hefo Ffion, fy chwaer, a'r teulu, yr aeth y ddau ohonom i weld gêm griced am y tro olaf. Yn 1993 yr oedd hynny, a thîm Morgannwg (wedi'i ysbrydoli gan Viv Richards) yn drech na Chaint, ac yn ennill

Cynghrair y Sul. Ac yn fuddugoliaethus y dychwelom ninnau'n dau i'r tŷ – i ddathlu hefo siampên!

CRICED AC ATI

ROL WILLIAMS

Am flynyddoedd lawer ar ôl ei ymddeoliad, galwai John acw bob yn ail wythnos, bron, o'i gartref yn Llanrug. Uwch paned o de, byddai trafodaethau am bopeth dan haul, yn enwedig chwaraeon. Criced a phêl-droed fyddai'n mynd â'n sylw'n bennaf – cyn lleied ag oedd bosib am rygbi, yn sicr, gan y byddai'r hen gyfaill yn hynod o lawdrwm ar y gêm honno! Byddai'r datganiad a wneir o dro i dro ar y cyfryngau mai rygbi yw ein gêm genedlaethol yn ei wirioneddol gynddeiriogi.

Fe âi i Glwb Golff Nefyn yn wythnosol nes i'w iechyd waethygu. Ni allwn lai na theimlo mai ymweliadau cymdeithasol oedd y rheiny yn fwy na dim. Fy nghyfaill Dyfed Evans all ddweud a gafodd John y 'twll mewn un' bondigrybwyll uwch glas erwau Porthdinllaen erioed, ond rywsut ni allaf lai na chredu nad oedd gan y Teigar enwog hwnnw o'r Amerig le i boeni am barhad ei enwogrwydd fel golffiwr cyn belled ag yr oedd John yn bod! Ond câi bleser mawr o drampio bob dydd Mercher 'at yr hogia', er gwaethaf mynych regfeydd wrth felltithio'r traffig ar y ffordd yn ôl i Lanrug.

Heb os, penllanw ein cyd-ddiddordeb mewn chwaraeon oedd y trafodaethau hir a dadansoddiadol iawn a gaem ar yr aelwyd ar gêmau tîm criced Morgannwg – ac yn enwedig ar y ffôn bron bob nos yn ystod y tymor criced, ar derfyn y chwarae dyddiol. Os byddai digwyddiad o bwys, fel Matthew Maynard yn sgorio cant o rediadau, dôi ar y ffôn yn ystod y prynhawn yn ogystal â chyda'r nos.

Yn ystod y sgyrsiau hynny nid oedd John – yn

nodweddiadol, wrth reswm – yn fyr o lambastio un neu ddau o chwaraewyr Morgannwg. Nid oedd Michael Powell yn ffefryn ganddo: er i mi droeon geisio rhestru ei rinweddau, barn bendant John oedd fod y gŵr hwnnw'n 'uffernol o ara deg ac yn ypsetio tempo'r gêm'. Falla'n wir!

Er ei frwdfrydedd a'i gefnogaeth amlwg i dîm Morgannwg, methais yn lân â'i ddarbwyllo i ddod gyda Gwenlli'r wraig a minnau ar ein pererindod flynyddol i Fae Colwyn i wylio Morgannwg yn chwarae. Rhaid cyfaddef fod hynny'n achos siom a pheth syndod i mi, am y gwyddwn y byddai wedi mwynhau ei hun pe bai wedi dod.

Chwi gofiwch, efallai, i fowliwr o Awstralia o'r enw Michael Kasprowicz fod yn chwarae i Forgannwg yn ystod rhai tymhorau cymharol ddiweddar. Ofnaf y byddai cyfenw'r gŵr yn peri andros o drafferth i John, nes yn y diwedd, er mwyn cwtogi bil BT, y cyfeiriai ato pan fyddai'r angen fel 'y boi Kas rwbath 'na'. Droeon wedyn, yn sgil canlyniadau difrifol i dîm Morgannwg, rwyf wedi gofyn i mi fy hun beth, tybed, fyddai adwaith John i'r perfformiadau trychinebus hynny.

Byddai'n cael boddhad os collai tîm criced Lloegr (a hynny'n destun anghytuno llwyr rhyngom), ond os oedd Cymro yn y tîm byddai'n falch o'r llwyddiant. Wedi i Robert Croft gilio o'r maes rhyngwladol, dôi John ar y ffôn gyda sylw miniog i'm cythruddo: 'Hy, maen nhw i mewn am gythra'l o chwip din eto!' Anwybyddwn yr abwyd, a gofyn sut siâp oedd ar y ffa yn ei ardd. (I'r anwybodus, roedd tyfu ffa yn yr ardd gefn yn ddefod flynyddol o gryn bwysigrwydd iddo.)

Pan oedd John yn cynhyrchu'r rhaglen boblogaidd *Heddiw*, awgrymais iddo, yn sgil y ffaith fod cynifer o fechgyn o gylch Caernarfon wedi mynd yn chwaraewyr pêl-droed proffesiynol, mai da o beth fyddai eu casglu ynghyd a'u holi am eu gyrfa. Cytunodd John yn llwyr â'r syniad, a llwyddais i gael chwech ohonynt i ddod i faes yr Oval yng

Nghaernarfon un bore ym mis Awst i gael eu holi. Ar derfyn chwarter awr eithaf difyr, gofynnodd yr holwr beth oedd y rheswm fod cynifer o hogia'r ardal wedi mynd yn bêl-droedwyr proffesiynol, ac o'r sedd uchaf yn yr eisteddle daeth Wyn Davies â'r drafodaeth i ben gyda chyfraniad a roddodd foddhad di-ben-draw i John ac i filoedd a welodd y cyfweliad hwnnw, mae'n siŵr: ''R oll fedra i ddeud, ia, ydi os nad o's 'na rwbath yn 'u penna nhw, ia, ma' 'na rwbath yn 'u tra'd nhw, ia!'

Pan fyddai Wyn Davies yn y newyddion, fel y byddai o dro i dro, arferai John fy ffonio o Gaerdydd yn gofyn i mi fynd i gartref Wyn ar stad Ysgubor Goch, Caernarfon, i gael ei lun ar gyfer rhyw raglen neu'i gilydd, a'i anfon ar frys i Gaerdydd. Fe wnes hynny droeon: cnoc ar ddrws Mrs Davies, mam Wyn, a deud yn syml, 'BBC isio llun Wyn, Mrs Davies, plîs!' Yr un fyddai'r drefn bob tro: dilyn Mrs Davies at y cwpwrdd gwydr, a hithau'n tynnu'r llun di-ffrâm o Wyn o gefn y cwpwrdd, gosod y pedair *drawing pin* o'r neilltu, holi pa bryd y byddai'r llun ar y teledu, yna'm siarsio i gofio dod â'r llun yn ei ôl. Mi wnes y bererindod honno sawl gwaith nes, yn wir, bod cysondeb y tynnu ac ailosod y *drawing pins* o bedair congl y llun wedi peri bod nifer o dyllau yn y corneli gan nad oedd Mrs Davies yn ailosod y pinnau yn yr un fan bob tro. Doedd hynny ddim yn plesio John Roberts Williams, a gofynnodd i mi holi Mrs Davies tybed a oedd ganddi lun o Wyn heb dyllau yn y corneli. Wnes i ddim ufuddhau i'r cais hwnnw!

Câi John hefyd lawer o bleser yn gwylio snwcer, ac roedd y Cymro, Mark Williams, yn arwr, er gwaethaf ei anwadalwch ar y pryd.

Gwyliai bob gêm bêl-droed o'r 'Premiership' ar y teledu gartre, ond gan ei fod yn ŵr a oedd yn mynd i'w wely'n eithaf cynnar – a hynny'n ddigyfnewid – ni chredaf iddo erioed wylio'r rhaglen hwyrol *Match of the Day*, er ei ddiddordeb eithriadol mewn pêl-droed.

Wrth reswm, Cardiff City ('dyna ydi enw'r tîm, 'te?') a Manchester United oedd ei ffefrynnau ac os y byddai'r gêmau hyn, fel y byddent ambell dro, ar sianel wahanol i Sky, dôi ar y ffôn mewn cryn wewyr:

'Ar ba sianel mae Man U heno?'

'ITV2.'

'Be' gythra'l ydi hwnnw?'

'Sianel 118. Tria hi tra fydda i'n dal y lein.'

O gofio iddo fod yn byw a gweithio ger Croesoswallt, methwn yn lân â deall pam roedd ganddo gyn lleied o ddiddordeb yn hynt a helynt a myrdd broblemau tîm pêl-droed Wrecsam; fel cefnogwr brwd i'r tîm hwnnw fy hun, rhaid cyfaddef na chefais ateb boddhaol i'm cwestiynu cyson.

Heb os, cafodd John oriau o bleser a mwynhad o ymddiddori mewn chwaraeon. Nid yn unig yr oeddynt 'yn torri'r gaeaf', fel yr arferai ddweud, ond hefyd roedd y pleser yn newid llwyr iddo o'i ddiddordebau academaidd. Ac, ar ben popeth, onid oedd yn gyfle na feiddiai ei wrthod i anghytuno'n weddol danbaid â rhai fel fi ar faterion o gryn bwys? Fel – ai Roy Keane oedd chwaraewr pêl-droed gorau gwledydd Prydain?

Duw a duwiau
24 Hydref 1998

Mae'n hen sefydliadau'n gwegian ac yn diflannu fel y nesawn at y milflwyddiant a byd newydd. Roedd y dydd Llun diwetha'r trydydd ym mis Hydref yn hen ddydd gŵyl ddiolchgarwch draddodiadol capeli rhan helaeth o Wynedd – dydd gyda phob ysgol a siop a hyd yn oed hen Gyngor Sir Gaernarfon yn cau. Popeth fel petasai'n ddydd Sul. Dydd o ddiolch am y cynhaeaf sydd ddim mor hawdd i olrhain y rheswm tros ei sefydlu ar y dydd arbennig yma, a'i gyfyngu i un rhan o Gymru.

Eleni prin mae cynhaeaf cefn gwlad Cymru yn galw am lawer o ddiolchgarwch, a dyw'r hen arfer o gynnal yr ŵyl ar yr hen ddiwrnod ddim ar ei gorau. Mae'r capeli wedi'i chael yn haws dewis Sul hwylus i hynny o gynulleidfa sydd ganddyn nhw i ddathlu. Ond dyw'r traddodiad ddim wedi diflannu. Fe erys mewn trefi fel Bangor ac yn bur helaeth ar Ynys Môn a Llŷn ac Eifionydd o hyd. Ac yn y capel y bûm i ynddo'n blentyn ym Mhencaenewydd cafwyd tair oedfa wreiddiol a llewyrchus y Llun diwethaf.

Ac mi symuda i oddi wrth ein crefydd, os symud hefyd, at ein duwiau. Gynt roedd gennym ni lu o dduwiau cenedlaethol ac, yn wir, o fyd crefydd roedd llawer ohonyn nhw'n dod – yr hen bregethwyr mawr. Yr oedden nhw yng Nghymru yr hyn oedd sêr y ffilmiau Americanaidd. Ond sawl pregethwr mawr sy'n hysbys o Gaergybi i Gaerdydd sydd yna heddiw – rhywun fel Philip Jones? Nid nad oes yna bregethwyr a gwell gweinidogion o bosib, ond mae yna lai ohonyn nhw – a'u hapêl yn fwy lleol.

Mae hyn yn wir am wahanol feysydd – llai o enwau

mawr os oes yna fwy o ddoniau gan lawer mwy. Llai o
dduwiau a mwy o angylion, ac os ydi'r pulpud heb Philip
Jones does yna ddim Lloyd George nac Aneurin Bevan yn y
Senedd ychwaith er bod cystal neu well Aelodau Seneddol.
Ac mae yna fwy, onid gwell, newyddiadurwyr ond dim
Anthropos, Morgan Humphreys, Meuryn, John Eilian na
Gwilym R. yn crwydro heolydd Caernarfon. Mae Cymru
Gwlad y Gân yn dal i fwynhau olyniaeth deilwng i David
Lloyd a Geraint Evans gyda Bryn Terfel yn dduw y duwiau
– a'u duwiau pop darfodedig eu hunain gan y radio a'r
teledu. Ond dim Tommy Farr yn y cylch bocsio na Barry
John na Gareth Edwards ar y maes rygbi. Digon o dalent
snwcer ifanc – ond pwy sy'n dilyn Reardon a Terry Griffiths,
pencampwyr byd? Ieuenctid addawol yn nhîm criced
Morgannwg ond dim Parkhouse, Wooller, Tony Lewis, ond
Maynard ar ei orau a Robert Croft efallai. Mwy o ddoniau,
llai o dduwiau.

A dyma ni wedi dod at gewri pêl-droed Cymru. Cofio'r
dydd pan oedd enwau o leiaf dri chwarter tîm pêl-droed
Cymru ar wefusau'r werin. Ond faint a fedrai ddal i enwi tri
chwarter tîm Cymru a gafodd y ddwy fuddugoliaeth fawr
ddiweddar – heb sôn am enwi eu clybiau? A phwy bellach,
ar wahân i Ryan Giggs, sydd o faintioli byd-eang, er bod
mwy o ddewis i'r tîm Cymreig?

Sy'n gwneud i mi gofio dyddiau pan, dan yr enw Y
Gwyliwr, y bûm i'n ysgrifennu'r golofn bêl-droed Gymraeg
gyson gyntaf cyn ac ar ôl y rhyfel i'r *Cymro*, ac yn meddwl
am y mawrion a welais yn y crysau coch.

Welais i mo'r tri Chymro chwedlonol o'r hen ddyddiau.
Dim Mills Roberts ddaeth yn ddoctor chwarel i Lanberis
wedi cadw gôl i Preston North End pan enillodd Gwpan
Lloegr heb ildio gôl a'r bencampwriaeth heb ildio gêm. Na
Billy Meredith fu'n löwr pan oedd yn chwarae i Manchester
City, ac i Gymru am bunt y gêm, a sefydlu Undeb y pêl-

droedwyr yn 1907. A'r cawr a aned yng Nghaerdydd – Fred Keenor, Cardiff City.

Ond o'r rhai a welais i'n chwarae i Gymru, pe ceid un ar ddeg ohonyn nhw i'r un tîm fe fuasen yn curo unrhyw dîm yn y byd. Dyma fy newis, yn nhrefn eu hen safleoedd ers talwm: Jack Kelsey, Arsenal – gôl; Alf Sherwood, Cardiff City, a Wally Barnes, Arsenal – cefnwyr; Tommy Jones, Everton – canolwr; Roy Paul, Manchester City, a Ron Burgess, Tottenham – hanerwyr; Bryn Jones, Arsenal; John Charles; Trevor Ford; Ivor Allchurch a Ryan Giggs – blaenwyr. Dyna i chi dduwiau. A'r mwyaf a'r mwyaf amryddawn o'r cyfan oll – John Charles, y Brenin ei hun.

John Roberts Williams, *Dal i Sbecian dros fy Sbectol* (Gwasg Gwynedd, 1999)

Brenin y Pêl-droedwyr
Gan Y Gwyliwr

[*Y Cymro*, 1 Hydref 1953]

Unwaith yr oedd yna frenin o'r enw John yn Lloegr, ac unwaith yr oedd yno frenin o'r enw Charles. Dyma'r ddau frenin mwyaf helbulus a eisteddodd erioed ar orsedd y Saeson. Bu'n rhaid cwtogi ar benrhyddid y cyntaf trwy wneud iddo arwyddo pob math o ffurflenni, a chwtogi ar ben y llall trwy ei dorri'n glir i ffwrdd cyn cael trefn ar bethau tua Lloegr yna.

Bellach, sylweddolodd y Saeson fod ganddynt broblem sy'n fwy na phroblem y Brenin John a'r Brenin Charles wedi ei gwneud yn un. Enw'r broblem yn addas ddigon yw – y Brenin John Charles, brenin pêl-droedwyr Cymru – a rhai Lloegr. A brenin pêl-droedwyr pob gwlad.

Ac yn hytrach na dal ati i drafferthu chwarae'r holl ymrysonfeydd anghyfiawn yma am Gwpan y Byd, rwy'n awgrymu bod y Cwpan yn cael ei gyflwyno i John Charles o Gymru – yn awr.

Ni raid i mi gyfaddef fy mod yn un o edmygwyr mawr Trefor Ford; fe ŵyr y darllenwyr hynny. Byddaf bob amser yn caru brwdfrydedd a thân, a gweld dyn yn gwneud mwy na'i orau wrth geisio cyflawni'r amhosibl. A Ford a fu'r fellten lachar goch yn y tîm Cymreig.

Yn wir, pan ddeallodd y miloedd a ddaeth i Gaerdydd nos Wener nad oedd Trefor yn chwarae, fe gododd ochenaid y gellid ei chlywed yng Nghaergybi. Am flynyddoedd fe ddilynasant y tîm – i weld Ford yn chwarae a Chymru yn colli. Mi wn bod hanner yr ymwelwyr yn barod i ddychwelyd adref pan gyhoeddwyd y newydd drwg, a wynebau digon hir oedd ar eu ffordd tua maes Ninian brynhawn Sadwrn.

Ond yn y stand yr oedd Trefor – a barhaodd hyd yr eiliad olaf i geisio perswadio dewiswyr Cymru i adael iddo wisgo'r crys a chymryd ei siawns gyda'i droed. Collwyd y brenin.

Do, collwyd y brenin. Ond – byw byth fyddo'r brenin.

Nid taranfollt a anfonodd y duwiau direidus i arwain y Cymry y tro hwn ond peiriant. Nid oedd na thyner nac egr; nid oedd na chyflym nac araf; nid oedd yn ffafrio un droed yn fwy na'r llall; nid oedd yn deisyfu cael y bêl yn yr awyr nac yn deisyfu ei chael ar lawr – y cwbl a fynnai oedd y bêl. Nid taranfollt, ond perffeithrwydd.

Mi welais ychydig chwarae pêl-droed yn fy nydd, ond welais i ddim tebyg i hwn erioed. Gallwn lenwi'r *Cymro* am hwn. Felly gadewch i mi ddweud tair ffaith.

Yn gyntaf, bod rhywbeth anghyffredin wedi cyrraedd pan mae pob un o sgrifenwyr pêl-droed Lloegr yn mynd yn delynegol wrth ganmol un o'r gwrthwynebwyr.

Yn ail, ni fethodd Charles cyn gymaint ag unwaith â chael ei ben i'r bêl pan oedd yn ei gyffiniau.

Yn drydydd, unwaith yn unig ym mhob hanner yr aeth y bêl o'i droed i unman ond i draed ei gydwladwyr – ar wahân i'r mellt a hyrddiodd tua'r gôl.

Gyfeillion, pan fydd Ivor Allchurch, Trefor Ford a John Charles, eu tri yn llinell flaen Cymru – pan ddaw'r tylwyth teg ysgafndroed, y daran a'r peiriant ynghyd – bydd yn werth mynd ymhellach na Glasgow i'w gweld.

Yr oedd tri chwarter awr gyntaf y gêm hon yn ddigon i godi calon Cymro am flwyddyn. Yr oedd Allchurch wedi cael y bêl a'i ben fodfeddi dros drawsbost Lloegr ac wedi cael cyfle godidog gan Charles i sgorio cyn i eco'r bib ddechreuol stopio. Yr oedd Paul a Burgess wedi rhoi

Wilshaw a Quixall yn ddiseremoni yn eu pocedi – a Sherwood – O! yr Ardderchog Alf – wedi pwyso a mesur Finney yn ofalus cyn blasu ei fuddugoliaeth a pharatoi i'w chwarae o'r gêm, ac o dîm Lloegr mi wrantaf, mewn dialedd llwyr am y ddawns a roddodd Finney iddo ef yn Wembley y llynedd. Yr oedd Barnes, hyd yma, yn cadw trefn ar Mullen, a Daniel yn cadw Lofthouse yn hollol glir oddi wrth Howells, a oedd yn hel ei hunanfeddiant yn y gôl Gymreig.

A phan welodd Clarke a Davies a Foulkes yr ysgafndroed Allchurch a'r perffaith Charles yn profi peth mor hawdd yw chwarae pêl-droed, fe ddaeth yr ysbrydoliaeth iddynt hwythau. Fe ganfu Foulkes ei fod lathenni lawer yn gyflymach na Eckersley, ac ni chlywodd hwnnw ddim ond sŵn gwynt Foulkes yn chwibanu heibio iddo rhyngddo a ffin y cae am weddill y gêm. Fe ganfu Clarke y gallai guro dau ddyn a thri dyn a dal i leoli'r bêl yn fendithiol ar ben anghredadwy John Charles. Fe anghofiodd Davies bach mai ef oedd y lleiaf ar y cae, ac iddo deithio trwy'r nos o Newcastle, ac fe ddechreuodd ei draed bach serennu'n hapus uwchben eu gwaith.

Dim gair o feirniadaeth oddi wrthyf fi'r tro hwn. Dim ond gofidio na buasai Davies yn fwy cywir deirgwaith, Clarke ddwywaith ac Allchurch unwaith, pan oedd y gôl ar eu trugaredd. Gofidio na buasai Charles wedi cael o leiaf un gôl o'r un ar ddeg a haeddodd ei un cynnig ar ddeg (chwech o'r pen, pump o'r traed) yn yr hanner cyntaf yn unig. Gofidio am y ddamwain i'r ardderchog Alf yn y pedwerydd munud ar ddeg ar hugain.

Gofidio, ie a chwyno rhag anghyfiawnder y duwiau a roddodd Ford yn y stand i'w gwylio'n anrhegu Lloegr pan oedd Alf yn absennol neu'n ddiymadferth.

Gofidio hefyd i'r baich o wylio Mullen fynd yn ormod i

Wally Barnes yn yr ail hanner pan neidiodd Dickinson a Wright a Wilshaw i chwarae mig â Mullen a Barnes yng nghornel y cae.

Ond dyna ni. Un gôl a ddaeth i Gymru wedi i John Charles dynnu amddiffynfa Lloegr fel ieir colledig ar ei ôl cyn llithro'r bêl i Davies ac i hwnnw ei throsglwyddo'n dyner i Allchurch serio'r awyr wrth ei thanio i dop y rhwyd.

Beth am y dyfodol a Chwpan y Byd? Nid wyf fi'n pryderu. Unig broblem Cymru fydd pwy i'w adael allan i wneud lle i Ford, a ble i chwarae Ford.

Ofnaf mai Davies a adewir allan. Mae'n biti, wedi iddo wneud y fath ymdrech yng Nghaerdydd. Ond nid yw'n ddigon hyderus i fanteisio ar y cyfleusterau a ddaw i'w ran i sgorio.

Pwy fydd yn arwain? Na phryderwch am hynny. Rhowch Allchurch a Charles a Ford yng nghanol y llinell flaen yn y safle a fynnoch, ac fe fydd hynny'n ddigon da i mi.

A yw gwell canolwr na Johnson yn debyg o feistroli Charles y tro nesaf – neu'r tro wedyn? Na – na'r tro wedyn ychwaith. Yn yr awyr ni fedrid mo'i guro. Nid mater o chwe troedfedd a modfedd a hanner yw ond mater o fedr – o reddf, os mynnwch. Ni bu'r fath ben ar faes pêl-droed yn fy oes i. Ac nid ar ei 190 pwys y dibynna pan reola'r bêl ar lawr ychwaith, canys nid yw'n defnyddio owns o'i bwysau ar neb. Yn un mlwydd ar hugain ac un mis ar ddeg gellwch ei goroni'n awr yn Frenin y Bêl-droed.

A phan ddaw Sgotland ac Iwerddon i'r maes, ni chredaf y gall y duwiau fod mor anystyriol eto. Pan ddaw'r dydd i ddau dîm gorau Prydain fynd i ymladd am Gwpan y Byd – bydd Cymru yno.

Bydd siŵr.

[John Roberts Williams], *Gemau Y Cymro*, (Croesoswallt, 1959)
– pigion o'r *Cymro* 1932–1957

Pan oedd Gwen yn disgwyl ei hail blentyn, a hwythau'n byw yng Nghroesoswallt, roedd John yn mynnu y byddai'n rhaid i'w baban gael ei eni yng Nghymru – wedi'r cyfan, os mai mab a gaen nhw, efallai y basa fo'n tyfu i fyny i fod yn chwaraewr pêl-droed, a doedd John ddim eisio i fab iddo fo chwarae dros Loegr! Roedd 'na ysbyty mamolaeth yn y Waun, jyst dros y ffin yng Nghymru. Yr unig ddyn yn byw wrth ymyl tŷ John a chanddo gar oedd Arnold Watkin (a ofalai am gylchrediad *Y Cymro*), a phan ddaeth y gwayw esgor cyntaf, rhuthrodd John i dŷ Arnold ac i ffwrdd â fo a Gwen, gan gyrraedd y Waun jyst mewn pryd. A mab gawson nhw hefyd!

Rwy'n cofio mynd i gêm griced gyda John, Robin a Merêd – yr unig dro i mi wneud hynny (hogan *baseball* ydw i!) – a mwynhau fy hun yn fawr yn gwrando ar y tri ohonyn nhw'n siarad am y gêm a disgrifio'i chymhleth-dodau.

Byddai John yn hoff hefyd o fetio ar geffylau. Doedd Gwen, Merêd a mi yn gwybod bron ddim amdanyn nhw, ond fe aethon ni hefo fo i Lwydlo un tro am ddiwrnod o hwyl. Ond yn y diwedd fi oedd yr unig un enillodd arian, a hynny ar ddwy ras – yn bacio ceffylau roeddwn i wedi'u dewis hefo pìn!

PHYLLIS KINNEY

Pe chwiliech chi am John ar nos Fercher yn yr haf neu ambell brynhawn Mawrth yn y gaeaf yn ystod ugain mlynedd olaf ei oes, mi fyddai gennych chi obaith go lew o ddod o hyd iddo yn tramwyo erwau gleision Clwb Golff Nefyn ar benrhyn Porthdinllaen yng nghwmni ffrindiau. Ac mi fyddai wrth ei fodd. Aem yn gwmni llon, gan roi'r byd yn ei le bob yn ail ag ambell ergyd i'r bêl fach wen ddiniwed – ac wedi'r taro, meddwl weithiau am ryw linell adnabyddus o farddoniaeth neu emyn i ddisgrifio'r ergyd! Trafod popeth dan haul; cael hwyl wrth dynnu coes, ac yntau yn ei afiaith. Yn wir, onid eilbeth oedd y golff?

Un nos Fercher, ar hirddydd bendigedig o haf, a ninnau'n edrych dros dawelwch y môr llonydd i gyfeiriad Iwerddon draw, a'r gorwel yn ddigon o ryfeddod, meddai John: 'Drychwch mewn difrif ar y rhith.' Y ddau ohonom wedyn, wrth gwrs, yn cydadrodd englyn enwog Dewi Emrys i'r 'Gorwel' – 'Wele rith fel ymyl rhod . . . '! Wedi darfod chwarae y noson honno, mi gofiaf mai dau neu dri o eiriau oedd gan John, a hynny o waelod calon, gan barhau i syllu dros y dŵr: *'Tydan* ni'n lwcus!'

HUGH D. JONES

Yn wyth a phedwar ugain oed roedd John Roberts Williams yn dreifio pêl ar y cwrs golff lawn gwell nag ydoedd yn dreifio car ar y ffordd fawr! Gwnaeth adduned unwaith na fyddai byth yn gyrru car, ond aeth ef a Gwilym R. Jones ati i ddysgu tua'r un adeg, a bu ras – o fath – rhwng Golygydd *Y Cymro* (dan yr enw 'Stirling Moss'), a Golygydd *Y Faner* ('Mike Hawthorn') ar ryw faes awyr yn ochrau Wrecsam. Cyn hyn, bu gan John erthygl yn y *Saturday Express*, un o bapurau'r cwmni yng Nghroesoswallt, yn dechrau â'r geiriau: 'Any fool can drive a car. Many do.'

DYFED EVANS

'Ddowch chi hefo fi i Goodison Park, Gwyn?' oedd cais fy nghymydog [yn Llanrug] i mi un dechrau blwyddyn, rywbryd yn y nawdegau. 'Mae Everton yn chwara adra. Mi dala i am y ticedi a'r bws.' Cytunais ar yr amod mai fi fyddai'n talu am y 'refreshments'! Ar ddiwrnod digon tywyll a niwlog o Chwefror, i ffwrdd â ni mewn bws mini, ac yntau'n gydymaith diddorol ar hyd y daith. Dwybunt y gwpanaid oedd y te ar ôl cyrraedd, a minnau'n tynnu'i goes y cawswn lond tebot am hynny adra yng Nghymru! Yn entrychion y stand yr oedd ein seddau a thrwy'r niwl yr edrychon ni ar y gêm. Cyfartal oedd y sgôr. Ond roedd o wedi'i blesio – 'Gêm dda, Gwyn.'

Oedd, roedd 'na niwl trwy gydol y chwarae yn Goodison, a heddiw eto mae rhyw niwl wedi crynhoi ar ôl colli cyfaill cywir iawn.

GWYNFOR HUMPHREYS

Y DYN TEULU

JÔS

DEWI ROBERTS WILLIAMS

Mae'n debyg mai rhyw wyth oed oeddwn pan ddarganfyddais fod gan f'ewythr John ddau enw! Cyn hynny roeddwn yn ymwybodol o'i waith gyda'r *Cymro*, Teledu Cymru a'r BBC, a'i fod yn eithaf enwog, ond chlywais i neb yn ei alw'n ddim byd ar wahân i John Roberts Williams. Yr unig bobl gyda dau enw hyd y gwyddwn i oedd ysbïwyr a *double agents*. Eglurwyd i mi mai enw a ddefnyddiai f'ewythr i ysgrifennu llyfrau a cholofnau papurau newydd yn y gorffennol oedd John Aelod Jones. 'Jôs' fûm i'n galw f'ewythr o hynny ymlaen; mewn ymateb, byddai o'n fy ngalw'n 'Richard' neu'n 'Dic', ond hyd heddiw ni allaf ddeall pam! Os buaswn yn ei ffonio neu'n galw heibio iddo, fel arfer buasai'r sgwrs yn dechrau gyda 'Sumâi, Jôs?', a'r ymateb – 'O, *chdi* sy 'na, Richard'.

F'ewythr John oedd brawd hynaf fy nhad, sef Llifon, a'r unig un o frodyr a chwiorydd fy nhad yr oeddem fel teulu yn ei weld yn eithaf cyson. Roedd Bob yn byw yn Derby, Mai yn ymyl Northampton, Prydwen yng Nghanada ac Owen yn Awstralia. Er eu bod yn deulu o chwech, roedd teulu ochr fy nhad yn ymddangos yn deulu eithaf bach i mi gan fod fy mam yn un o ddeuddeg.

Yng Nghwm Coryn, Llanaelhaearn, yr oedd fy nhad yn ffermio, ac roedd fy nain a 'nhaid, sef rhieni fy nhad, yn byw gyda ni. Brith gof sydd gennyf o fy modryb Gwen, gwraig f'ewythr John, gan fy mod yn ifanc iawn pan fu hi farw, ond cofiaf ymweld â nhw gyda'm rhieni pan oeddynt yn byw yn Whittington, ger Croesoswallt. Ar ôl hyn bu Robin fy nghefnder yn aros cryn dipyn yng Nghwm Coryn, yn ystod gwyliau'r haf yn arbennig. Roedd Ffion yn hŷn ac yn y coleg ar y pryd.

Fel unig blentyn, roeddwn wrth fy modd yn cael cwmpeini Robin ac yn aml iawn byddai f'ewythr John yn ymuno yn y gêmau o griced a phêl-droed. Roedd wastad yn barod iawn i gael hwyl, ond fe aeth pethau dros ben llestri ar yr achlysur pan oedd Robin a minnau wedi cael gafael ar set o *handcuffs* o'r Ail Ryfel Byd oedd wedi eu gadael acw, yn ôl pob sôn, gan John, gŵr fy modryb Mai. Tra oedd f'ewythr wrth ei waith yn ysgrifennu rhyw erthygl ar y bwrdd yn y gegin, fe lwyddodd Robin a minnau i gloi un o'i goesau ynghlwm wrth un o goesau'r bwrdd gyda'r *handcuffs*, a dianc wedyn gyda'r goriad a chuddiad yn y tŷ gwair am oddeutu dwyawr. Rwy'n cofio'r pryd o dafod a gawsom gan fy nain hyd heddiw, ac fe ddiflannodd yr *handcuffs*.

F'ewythr John aeth â mi i'm gêm bêl-droed gyntaf, sef Caerdydd yn curo Preston North End 1–0 yn 1967. Rwyf wedi bod yn gefnogwr Caerdydd byth ers hynny, fel mae fy meibion innau heddiw. (Meddyliais sawl tro ar Sadyrnau, pan ddeuai'r canlyniadau, nad oedd hon yn gymwynas y dylwn ddiolch i f'ewythr amdani!) Ond bûm hefyd yn ffodus iawn iddo fynd â mi i weld tîm Cymru, ac weithiau Everton. Cefais y cyfle i dalu rhywfaint o'r gymwynas yn ôl yn 1980 pan lwyddais i'w berswadio i ddod gyda mi i weld Cymru'n chwarae yn erbyn Lloegr ar y Cae Ras yn Wrecsam. Nid oedd am ddod i ddechrau, gan ei fod yn honni ei fod wedi gweld Cymru yn colli yn erbyn Lloegr yn amlach na neb arall yn y wlad. Yn ffodus, fe lwyddais i'w berswadio, a chawsom weld Cymru yn curo Lloegr o bedair gol i un. Ers y gêm honno, mae'n amheus a lwyddodd unrhyw wlad i guro'r Saeson o fwy na sgôr y gêm hon.

Pan oeddwn yn aros yn nhŷ f'ewythr yn Heol Llanishen Fach, Rhiwbeina, fe welais y pêl-droediwr enwog, John Charles, yno – yr unig dro imi ei weld. Yr hyn a gofiaf yw'r dyn anferth yma yn dod heibio i weld f'ewythr; roedd yn bartner busnes gyda chymydog iddo.

Pan symudodd f'ewythr John i fyny i Fangor i'w swydd newydd yn y BBC, bu'n byw acw yng Nghwm Coryn tra oedd yn disgwyl i'w dŷ newydd yn Llanrug fod yn barod. Byddai'n paratoi'r rhaglenni radio *Rhwng Gŵyl a Gwaith* yr adeg honno, a byddai'n ysgrifennu ei adroddiadau gyda beiro yn un llaw a sigarét yn y llaw arall. Y peth a'm synnai fwyaf am hyn oedd nad oedd byth yn gwneud camgymeriad yn yr holl dudalennau a ysgrifennai. Ni welais i unrhyw frawddeg na geiriau wedi cael eu croesi allan – er, cofiwch, efallai y byddai'n croesi pethau allan wedi i mi droi fy nghefn! Roedd yn ysmygu cryn dipyn yr adeg honno, a fo fuasai'r diwethaf un y buaswn yn disgwyl iddo roi'r gorau i ysmygu. Mae'n dysteb i'w benderfyniad ei fod wedi llwyddo i wneud hynny yn eithaf di-lol.

Byddai'n helpu fy nhad a 'nhaid ar y fferm pan allai, ond roedd yn deg dweud nad oedd ffermio yn ei waed. Tra oedd fy nhad yn ddyn ymarferol iawn ac yn gallu troi ei law at amryw o bethau ar wahân i amaethu – megis gwaith adeiladu, weldio, trwsio pob math o beiriannau, ac ati – roedd sgiliau f'ewythr yn rhai gwahanol.

Er i Nhad (Llifon) farw'n ifanc yn 1978, bu gweddill y brodyr a'r chwiorydd fyw hyd nes colli f'ewythr Bob ym mis Medi 2003. Fe aethom ill dau i'r cynhebrwng yn Derby, ac yn y car ar y ffordd yno y clywais yr hanes yn llawn am Bob ar y llongau yn cario bwyd i'r gwrthryfelwyr yn ystod Rhyfel Cartref Sbaen, cyn mynd i weithio i'r gweithfeydd glo yn swydd Derby.

Mae'n rhyfedd meddwl fy mod i, ddim ond oddeutu blwyddyn yn ddiweddarach, yn ffarwelio â f'ewythr John ei hun am y tro diwethaf yn Ysbyty Eryri, Caernarfon.

Dyddiau difyr a dwys

Robin Vaughan Williams

Pan oedd Ffion, fy chwaer, a minnau'n blant, ystyr mynd ar wyliau i ni oedd teithio o Whittington, ac yna o Gaerdydd, i aros un ai yn Chwilog yn Eifionydd hefo teulu fy mam neu ar fferm Cwm Coryn, ger Llanaelhaearn, fferm rhieni fy nhad.

Doedd Nhad ddim yn un allai ymlacio ar wyliau; iddo fo, cyfle oedd gwyliau i gyfarfod â ffrindiau neu gyd-weithwyr o'r ardal ac i ddarganfod deunydd ar gyfer ei waith, yn hytrach na gorweddian ar draeth. Ond fe fwynheai'r tripiau am y diwrnod i Gricieth (a chael hufen iâ Cadwaladr!), neu i Afon-wen neu'r Warren. Osgoi treulio'r dydd yng ngwersyll Butlin's y byddai o bob gafael: doedd o ddim yn un am ffeiriau a *razzmatazz*.

Darlithydd mewn Eidaleg oedd Mark, a ddaeth yn ŵr i Ffion, a byddent ill dau'n treulio cyfnodau hir yn yr Eidal yn ystod tymor yr haf. Âi Nhad i aros atynt yno a daeth yn eithriadol o hoff o'r wlad. Yn ddiweddarach, aeth ar drip ar ei ben ei hun o amgylch mannau diddorol yn yr Eidal. Dywedodd wrthyf unwaith, pe na bai'n Gymro, mai Eidalwr y carai fod wedi bod.

Am rai blynyddoedd yn y 1990au, arferem rentu tŷ yn rhywle adeg y Pasg fel y gallai teuluoedd Ffion a minnau, a Nhad, fod hefo'n gilydd. Ar fferm yn sir Benfro y buon ni gyntaf, a chrwydro llawer ar y sir gan weld rhyfeddodau megis Pentre Ifan a Melin Trefin, yr hen felin a ysbrydolodd delyneg Crwys. Roedd Nhad wrth ei fodd yng nghwmni'i bedair wyres, ac yn cael ymweld â rhannau o Gymru nad oedd mor gyfarwydd â hynny â nhw. Mi fwynhaodd ein hymweliad â Chernyw hefyd, gan fanteisio ar y cyfle i 'addysgu' y bobl leol am ystyron eu henwau lleoedd ac am y cysylltiad Cymreig.

Bu colli Ffion mor ifanc yn ergyd drom iddo, ond wynebodd y profiad â stoiciaeth. Wedi'r sioc gychwynnol, rhoddodd ei feddwl bron yn syth ar wahanol ffyrdd o helpu Mark, Sophy a Bianca. Doedd Ffion ddim wedi dymuno iddo gael gwybod pa mor wael oedd hi, felly dim ond ychydig ddyddiau cyn ei marw y daeth o i sylweddoli ei bod hi'n colli'r dydd. Gwn i'w ffrindiau fod yn gefn ac yn gysur iddo yn y dyddiau tywyll hynny.

Roedd yn ddyn annibynnol iawn o ran natur, a pharhaodd i fod felly hyd y diwedd. Roedd wedi coginio a gwneud ei holl siopa drosto'i hun ers colli Mam yn 1964, a daliodd i wneud hynny hyd at ychydig wythnosau cyn ei farw. Pan oedd yn yr ysbyty yn yr wythnosau olaf hynny, roedd ei feddwl mor siarp ag erioed – yn wir, pan roddodd y gorau i ddarlledu ei sgyrsiau radio wythnosol, *Dros fy Sbectol*, gwneud hynny o falchder proffesiynol a wnaeth o (oherwydd cyflwr ei lais) – nid oherwydd nad oedd bellach yn abl i gywain y deunydd ar gyfer y sgyrsiau.

Yr Ergyd
14 Mawrth 1998

Fu cynnal hon na'r sgwrs o'i blaen, rhyngom ni a'n gilydd, ddim yn hawdd, ond mi ddof at hynny.

Rhyw wythnos o ddisgwyl fu hi yn hytrach nag un o newyddion mawr. Yma yng Nghymru y disgwyl mawr fu, a'r holi mawr, ble yn union y cartrefai'r Cynulliad, ac o'r diwedd dyna ni'n gwybod – yng Nghaerdydd, y brifddinas, y bydd, er na wyddom yn union ymhle ond bod cartref newydd sbon i'w godi. Ond mae'r gystadleuaeth iachusol amdano trosodd, ac yn awr ymlaen â'r gwaith o roddi mwy a gwell rheolaeth i Gymru drosti ei hun.

Yn Iwerddon y disgwyl mawr fu am gynllun – bron na ddywedais am dric – a ddeuai â threfn a heddwch parhaol i'r Ynys, ond gan mai yn y bôn brwydr rhwng y rheiny sydd am un Iwerddon a'r rhelyw sydd am ddwy sydd yma, peidier â disgwyl gormod, er bod llywodraeth Iwerddon Weriniaethol yn ystyried tynnu o gyfansoddiad y wlad y cymal lle yr hawlir awdurdod dros Iwerddon gyfan, sydd yn ystyriaeth sylfaenol fawr. Ond mae gan y Gwyddelod eu sefydliadau mwy milwriaethus fydd ddim yn ymateb yn ffafriol i hynny chwaith.

Ond i droi at rywbeth arall a'm poenodd i. Roeddwn i'n dychwelyd yn ddigon penisel o Gaerdydd i Wynedd yn ystod yr wythnos. Cyn cyrraedd Llanfair-ym-Muallt beth welais i ond rhybudd dwyieithog fod yna waith atgyfnerthu ar wal ar ochr y ffordd ymhellach ymlaen. Y gair 'cryfhau' ar y rhybudd wedi ei sillebu *cryfhay* – ie, *y*. Yn nes ymlaen, ar gyrion Pontnewydd-ar-Wy (ac ym mha iaith arall y clywsoch chi enw fel'na?) roedd rhybudd dwyieithog arall na fedrais weld mwy na darn o'i Gymraeg. Ceisio dweud roedd o i bwy roedd y flaenoriaeth lle'r oedd y lôn yn culhau. Gair cyntaf y rhybudd yn rhoi *drod* am 'dros'. Roedd hi'n beryglus i stopio i gofnodi'r gweddill. Yna ymhen ychydig filltiroedd, wir yr, wele'r trydydd anfadwaith. Mi stopiais i gopïo hwn. Meddai, yn ei Saesneg perffaith: 'Joining traffic under signal control'. Yn y Gymraeg honedig: 'Traffig yn *ymunu yw'n* cael ei reoli gan oleuadau'. Rhybudd i'ch diogelu sy'n gwneud dim ond eich peryglu. A dyma finnau yn fy ôl at hen ddweud, sef mai dinistr ar ewyllys da ac iaith yw gosod rhybuddion cyhoeddus cyn gofalu am eu cywirdeb. Beth mae'r Bwrdd Iaith am ei wneud?

Dros y maith flynyddoedd mi goffeais yn y fan hyn ugeiniau lawer o'n colledion mawr a mân, ac wele fy nhro innau wedi dod i orfod diweddu yn boenus o bersonol. Mi gollais fy niddig, unig eneth. Roedd hi'n flwyddyn pan ddaeth yr ofnadwy ryfel byd i ben ac yn ddyddiau pan etholwyd llywodraeth Lafur fawr Attlee pan aned hi a phan enwyd hi'n Ffion, sy'n enw cyffredin bellach, a allasai gyrraedd 10 Stryd Downing gyda'r ail Gymraes i gyrraedd. Ond dros ddeuddeg a deugain mlynedd yn ôl nid oeddwn i'n gwybod am yr un enaid byw o Ffion arall. Ac rydych chwi wedi fy nghlywed i hyd syrffed rhwng difrif a chwarae yn cyfeirio at amlder y ffigur tri yn ein byw a'n bod. Ffarweliodd Ffion â ni i gyd ar y drydedd awr o'r trydydd dydd o'r wythnos ar y trydydd mis o'r flwyddyn. Mynd yn ysglyfaeth i'r gelyn mawr canser a gipiodd ei mam a gormod o gydnabod pawb.

Bu'n dioddef o'r clefyd am dair blynedd gan lwyddo i guddio'r cyfan rhag y ddwy ferch (fy nwy wyres) a minnau, rhag i ni ymboeni. Fe'i celodd cystal fel na wyddwn i amdano hyd ddau ddiwrnod cyn y golled. Roedd yn benderfynol o fyw bywyd normal digwyno a pharhaodd yn athrawes Ffrangeg ac Eidaleg yn ei hysgol yng Nghaergaint tan y Nadolig. Mor ddiweddar â Mawrth Ynyd roedd yn y gegin yn gwneud crempog i'r teulu. Daeth y diwedd gyda sydynrwydd ysgytwol.

Y cyfan fedraf i ei wneud ydi diolch i chwi a lifeiriodd eich cydymdeimlad ataf i a'r teulu bach. Dyna gyfran o'r cysur. A'r gyfran arall oedd maint cefnogaeth cymdogion Caergaint i'r teulu trallodus. Yn y cartref nos cyn yr angladd roedd ffotograffydd o Milan na fedrai siarad dim ond Eidaleg – fo a'i wraig; gwraig o Valencia gyda'i Sbaeneg yn unig; athrawes o Riems; myfyrwraig o Tokyo, a'r dyrfa ddaeth i'r angladd yn dangos y parch oedd iddi hi ac yn help i mi i adfer fy ffydd ym meidrolion y ddynoliaeth sydd, wedi'r cyfan, yn medru meddwl am rywbeth heblaw hwy eu hunain.

Dros yr wythnos a'r misoedd diwethaf yma fe barhaodd y cof a'r galar am Diana. Ond Hon oedd fy nhywysoges i.

John Roberts Williams, *Dal i Sbecian dros fy Sbectol*
(Gwasg Gwynedd, 1999)

Er cof am Griffith Williams, Gwynus

[Englyn a luniodd ar gais ei fodryb i'w roi ar garreg fedd ei ewythr Griffith, brawd ei dad, 'o hen ffarm y Gwynus ar odre'r Eifl':]

> Wedi'r angladd daw'r englyn – wedi'r byw
>   Daw'r byth bythoedd gyntun;
>   Hen arfod ddaeth i'w therfyn,
>   Hen ŷd y wlad aed o Lŷn.

John Roberts Williams, *Yr eiddoch yn gywir*
(Cyhoeddiadau Mei, 1990)

Pwdin Dolig
4 Rhagfyr 1987

Dydd Mawrth oedd diwrnod mawr yr wythnos i mi. A'r stori o'r dechrau. Wel – yn y dechreuad roedd 'na sosban newydd: *pressure cooker*. Fu gen i erioed yr un o'r blaen, na dim o'r hen bethau newydd 'na sy'n cynnwys *microwave* chwaith. Ond fe'm perswadiwyd i na ddylai neb – boed chi'n byw ar eich pen eich hun neu beidio – fod heb *pressure cooker*, er fy mod i'n gwybod na ddeuwn i byth i feistroli'r ffordd o'i gweithio. Ond wedi ei chael roedd hi'n rhaid yn gyntaf ei bedyddio hi ag enw Cymraeg. A dyma wneud – a'i galw hi'n 'sosban sydyn'.

Pwrpas y sosban oedd berwi fy mhwdin Dolig blynyddol yn gyflymach a rhatach. A – credwch neu beidio – fe wnaeth. Eleni mi wnes fy nhri llond powlen arferol o bwdin a oedd yn cynnwys pedwar wy – ac mi wnes dri arall heb wyau, am fod y rheiny'n effeithio ar un o'm pedair wyres fach. A'r holl oruchwyliaeth yn hanfodol am y bydd y pedair wyres efo mi yn y tŷ 'cw dros y Nadolig am y tro cyntaf erioed. A thrwy ryw wyrth mi weithiodd pethau fel wats, wedi i mi gael help cyson i ddelio â dirgelion a stranciau'r sosban sydyn oedd yn eu berwi fesul dau ar y tro.

Efo hen sosban i bob pwdin a chwe awr o ferwi yn lle dwy mi gymerai dri deg chwech o oriau – rhyngddyn nhw – i gwblhau'r job, ond dim ond chwech dan y drefn newydd, a oedd yn arbed deg awr ar hugain o dân trydan ac felly'n helpu i dalu am y sosban sydyn, sy'n annhebygol o gael ei defnyddio eto y rhawg.

Trwy ddamwain mi alwais y diwrnod cynt heibio i hen gyfaill a gafodd ddamwain a'i caethiwodd i'r tŷ hyd weddill y flwyddyn. Ac roedd yntau, er mwyn cael rhywbeth i'w wneud, am fentro ar bwdin Dolig. Ond un i'w greu a'i gladdu dan yr hen drefn – sef ffwtbol o bwdin crwn mawr mewn clwt. A chan mai dyna oeddwn innau wedi arfer ag o erstalwm, fydd 'na na byw na marw na chaf innau roi cynnig arni hi. Mi fedra i gael y rysêt o un o hen ffermydd Llŷn sy'n glynu wrth y math traddodiadol hwn o bwdin Dolig. Ac rydw i newydd gael y gyfrinach fawr – sef sut mae berwi'r fath bwdin heb i ddŵr fynd trwy'r lliain a'i lwyr ddifetha. A rhan o'r gyfrinach ydi anghofio am y sosban sydyn, a glynu wrth fôr o ddŵr berwedig a chymylau o stêm o'r hen sosban fawr.

John Roberts Williams, *Nos Wener, Bore Sadwrn*
(Cyhoeddiadau Mei, 1989)

Roedd Taid yn ddyn caredig a sensitif. Fyddai e byth yn dweud wrth Robin a finnau sut y dylen ni fagu'r plant, ond roedd e mor falch fod y ddwy ohonynt (Elinor a Bethan) yn siarad Cymraeg ac yn derbyn eu haddysg trwy gyfrwng y Gymraeg. Hefyd, pan ges i 'mhenodi i swydd dysgu Mathemateg yn ysgol Glantaf, o fewn awr imi dorri'r newydd am hynny iddo roeddwn yn derbyn galwadau ffôn gan bobl o bob cwr o Gymru yn fy llongyfarch. Roedd Taid mor gynhyrfus am y peth, roedd e wedi ffonio pob un o'i ffrindiau gyda'r newyddion!

Pan oedd y merched yn fach, treuliem bron bob Nadolig gyda Taid yn Llanrug. Roedd y tŷ dan ei sang – Mark, Ffion, Bianca, Sophy, Robin, fi, Elinor, Bethan, Taid ac, wrth gwrs, y bwyd! Dechreuai baratoi at y Nadolig ym mis Awst pan archebai'r ŵydd (ac weithiau mynd â'r merched gydag e i ymweld â'u cinio Nadolig!). Yna, ym mis Hydref, byddai'n siopa am gynhwysion ei bwdin Dolig enwog, a'r rheiny'n gorfod bod yn gynhwysion o'r safon orau. Cymerai wythnos i goginio tua chwe phwdin, a phob blwyddyn cytunai pawb mai Taid oedd Brenin y Pwdin Dolig.

Pan oedd Elinor a Bethan yn hŷn, a Siôn Corn yn methu cuddio'r anrhegion yng nghefn y car i deithio i Lanrug, dechreuodd Taid yrru i lawr i Gaerdydd. Cyrhaeddai gyda gŵydd, samwn, pâr o ffesantod a dau bwdin. Arhosai acw gyda ni am un noson, yna mynd ymlaen ar y trên i Gaergaint at Ffion a'r teulu – gydag yn union yr un bwyd ag a adawodd yng Nghaerdydd. Roedd yn orfanwl wrth geisio bod yn deg â phawb.

Dyma ichi un atgof bach doniol amdano i gloi! Ar ôl priodi, cartrefodd Robin a finnau yn Llanilltud Faerdre. Ar un o'i ymweliadau â ni, roedd Taid eisiau mynd â ni allan am bryd o fwyd arbennig, ac aethom i'r Walnut Tree, ger y Fenni, a chael bwyd bendigedig yno. Yn anffodus, Taid oedd yn gyrru ar y ffordd adre. Doedd e ddim yn gweld yn glir yn y tywyllwch, a byddai goleuadau ceir wastad yn ei ddallu. Ar un rhan o'r daith fe gollon ni'r ffordd, ac yn hollol ddirybudd penderfynodd Taid stopio ar balmant lle roedd rhes o bobl yn aros am fws. Wrth lwc, fe lwyddon nhw i neidio mas o'i ffordd mewn pryd, ond fu neb erioed mor agos at orfod wynebu achos o ddynladdiad! Roedd y bobl yn edrych arno mewn syndod a braw, ond dyma Taid yn rhoi ei ben allan trwy'r ffenest, ac mewn llais meddal, tawel, ceisiodd egluro pethau iddynt trwy ddweud, 'Got lost'. Dyma'r dyn ar flaen y ciw yn ei ateb yn ôl: 'And you can f— off yourself!'

Ddwedodd neb yr un gair yn y car weddill y ffordd adre, ond cawsom hwyl am flynyddoedd wrth gofio'r noson arbennig honno!

CATHERINE WILLIAMS

Trwy gydol fy nyddiau ysgol yng Nghaerdydd, arferwn gystadlu yn eisteddfodau'r Urdd. Fedra i ddim cofio bod yn yr un ohonyn nhw heb fod Taid yno i'm cefnogi a'm hannog. Does dim cwestiwn nad oedd e'n eisteddfodwr brwd! Hyd y galla i gofio, fyddai e byth yn colli'r Eisteddfod Genedlaethol, er y câi drafferth fawr i fynd o un pen i'r Maes i'r llall ac ymweld â'r stondinau, gan y byddai'n cael ei stopio ar ôl ychydig o lathenni gan rywun neu'i gilydd – hen ffrind, neu edmygwr oedd wedi nabod ei lais. Gan amlaf, gwnâi'r dewis doeth o encilio i babell y BBC neu un S4C am baned o de, a gadael i bawb ddod ato fe i'r fan honno! Byddai bob amser yn ysgwyd llaw ac yn sgwrsio'n hir â phawb, gan ofalu cyflwyno'i deulu iddyn nhw. Welais i erioed mohono fe'n siort a diamynedd gyda neb a ddôi ato ar y Maes – er, efallai, yn ei flynyddoedd olaf, na fyddai ganddo fawr o syniad pwy oedd eu hanner nhw!

Wrth i mi dyfu i fyny, dwi'n cofio meddwl cymeriad mor boblogaidd oedd Taid. Roedd ganddo fe amser i bawb, ac fe gefnogodd e ni, ei wyresau, drwy bob penderfyniad a wnaethom yn ein bywydau.

ELINOR WILLIAMS

Byddai Taid wrth ei fodd yn gwneud i ni chwerthin, a dôi ei hiwmor unigryw â gwên i'm hwyneb i bob amser. Dros ginio y caem ni ei jôcs gorau! Pan aem allan i fwyta, doedd dim gwahaniaeth pa mor grand fyddai'r lle, byddai'n siŵr o ofyn i mi: 'Oes gynnyn nhw drwyna a thraed moch ar y meniw, dywad?' Yna, pan fyddwn i ar fin archebu, byddai'n gofyn: 'A be wyt ti am ei gael, felly – crocodeil 'ta rheinoseros?' Clywais y cwestiynau hyn gan Taid yn ystod bron iawn bob pryd allan trwy'r blynyddoedd (hyd nes 'mod i tua pedair ar bymtheg oed!), ond chwerthin y byddwn i'n ddi-feth fel y rhestrai fwy a mwy o anifeiliaid gwyllt, blasus!

Ond, adeg y Nadolig, fe gymerai Taid ei fwyd dipyn mwy o ddifrif. Byddai wrth ei fodd yn gwneud stwffin cartref ar gyfer yr ŵydd, a minnau'n cael y dasg o'i helpu. Cawn fodd i fyw wrth wrando arno'n gwamalu, a chael fy mhwnio gyda'r taclau cegin! Ond unwaith y byddai'r ŵydd a'r stwffin yn barod, allech chi ddim peidio â dwlu ar eu blas, a Taid yn mynnu mai fi a gâi'r clod am hynny, gan ddweud wrth y teulu mai fi a wnaeth y gwaith i gyd.

Roedd ei garedigrwydd a'i anhunanoldeb yn amlwg i bawb, ac ymhyfrydai ym mhopeth a wnaem ni, ei wyresau. Boed basio arholiad neu stwffio gŵydd, roedd Taid bob amser yn gwneud inni deimlo'n 'sbesial'.

BETHAN WILLIAMS

Edmygid ef am yr hyn a gyflawnodd yn broffesiynol a daeth anrhydeddau lu i'w ran, ond cyrhaeddodd yr uchelfannau hyn ar waethaf dwy drasiedi argyfyngus a dinistriol yn ei fywyd personol – dwy drasiedi a adawodd blant yn amddifad. Roedd ei ddewrder a'i gefnogaeth gariadus mor ddi-ben-draw ag yr oedd ei falchder o dalentau ei blant a'i wyresau, a'r rheiny'n ymgorfforiad o'i wraig annwyl a'i ferch ddigymar a gymerwyd oddi wrthym mor greulon o gynamserol.

Erys atgofion melys am ymweliadau â'i gartref, yn llawn cyfrolau gwerthfawr, printiadau a mapiau, lle byddai bob amser de a bara brith, a straeon gwirioneddol ddigrif. Ar ŵyl y Nadolig, dôi acw gyda gŵydd wedi'i magu yn Llŷn, a'r pwdin Dolig unigryw hwnnw o'i ddyfais ei hun. Ar deithiau tramor, megis y rhai i'r Eidal – gwlad a garai'n fawr – roedd yn gwmni ysbrydoledig. Ond i ogledd Cymru y perthynai, gorff ac enaid, yn rhan mor annatod o'r fan honno ag unrhyw amaethwr neu chwarelwr. I ni, un o bleserau mawr bywyd fyddai dilyn yr A5 dros fryniau gleision, dwyieithog y Gororau, ac yna, ar ddiwedd diwrnod hir o deithio, erlid yr haul treuliedig trwy Fwlch Llanberis, fel plant afradlon yn dychwelyd i groeso cariadus Taid.

MARK GRIMSHAW

Ym mhob ffordd – o'r ymarferol a'r ariannol i'r deallusol a'r emosiynol – John Roberts Williams oedd un o'r bobl mwyaf hael imi eu cyfarfod erioed, heb sôn am fod yn perthyn iddo. Dyma un enghraifft fechan: cyflwynodd y gacen a gafodd gan y BBC ar achlysur ei ben-blwydd yn 90 oed i ysgol gynradd leol, fel y gallai'r plant ei mwynhau. Wyddwn i ddim byd am hynny nes imi weld y cerdyn 'diolch' a anfonon nhw ato. Roedd mor ddiymhongar ynglŷn â'i orchestion proffesiynol fel y cymerodd flynyddoedd i mi ddod i wybod amdanyn nhw, ac ar ôl ei farw rwy'n dal i ddarganfod rhywbeth newydd o hyd am yr hyn a gyflawnodd. Er nad yw Taid ar gael i mi bellach ar ben arall y ffôn, byddaf yn dal i ddysgu oddi wrtho weddill fy mywyd – nid yn unig yn fy ngyrfa newyddiadurol i fy hun, ond hefyd yn y modd y dylai rhywun ymddwyn fel person.

SOPHY GRIMSHAW

Y CYFAILL

CYFAILL

MERÊD

Anaml iawn y byddai John a minnau'n sgwennu at ein gilydd, ond pan ddeuai gair oddi wrtho nid annisgwyl fyddai gweld cynffon wrth f'enw ar yr amlen. Felly hefyd pan ddigwyddwn dderbyn gair oddi wrth gyfaill i'r ddau ohonom, D. Tecwyn Lloyd: 'FID DEF' a gawn ganddo fo weithiau (*Fidei Defensor* – Gwarchodwr y Ffydd!); dro arall 'R.D.' (*Rural Dean*) neu 'D.G.' (Deon Gwledig). Un o hoff raddau John imi oedd 'P.D.' – ac nid llithriad am Ph.D. mo hynny, ond byrfodd o *Prairie Dog*! A dyma ichi sut y daeth yr enw hwnnw i'm rhan:

Yn haf 1987 aeth y tri ohonom (fo, Phyllis a minnau) drosodd ar wyliau i Ganada. Aros am dridiau hefo Prydwen, chwaer John, a Maxwell ei gŵr yng nghyffiniau London, Ontario, ac yna croesi'r wlad ar drên rhwng Toronto a Vancouver, taith tri diwrnod a theirnos. Wrth groesi peithdir eang, digwyddais weld, trwy ffenest y goetsh, gi gwyllt a gwaeddais, 'Ylwch, *prairie dog!*' Bedyddiwyd fi yn 'Prêri Dog' yn y fan a'r lle! Rhois innau enw ar y bedyddiwr, fel y disgwylid – 'Crêsi Hôrs' – a thrwy hynny beri, ymhen amser, i ambell bostmon yn Llanrug feddwl fod *Companion of Honour* yn byw bellach yn 18 Minffordd. Arhosodd John hefo ni'n dau am bythefnos hwyliog yn Vancouver (bu Phyllis a minnau yno am fis arall), gan anfon dau gyfraniad i *Dros fy Sbectol* dros y ffôn. Yn 1999 anfonodd gopi o *Dal i Sbecian dros fy Sbectol* inni gyda'r cyfarchiad hwn: 'Cyfarthion i Mr a Mrs Dog, ynghyd â chyFARCHion Crêsi'!

Buom ar deithiau droeon gyda'n gilydd. Y fwyaf anturus,

efallai, oedd un o'r mynych deithiau hynny o gwmpas yr Eifionydd a garai mor angerddol. Yn wir, roedd elfen o antur ymhob taith weddol hir pan lywiai John y car. Y tro arbennig hwn roeddem ar ffordd gul, wledig, gyda'r bwriad, yn ôl y gyrrwr, o ddod allan i'r ffordd fawr sy'n rhedeg trwy Glynnog i Gaernarfon. Yn ddisymwth, aeth yr olwynion chwith i ffos ac wrth dyrchu oddi yno yn ffyrnig cafwyd pynctsiar. Holais am yr olwyn sbâr. Mi wyddai ymhle roedd honno, ond wyddai o ddim ymhle roedd y jac a'r offer angenrheidiol i newid olwyn, a sut bynnag roedd yr holl beth yn llawer rhy drafferthus. Y peth i'w wneud oedd gyrru ar olwyn fflat i Glynnog. Dadleuais beth, ond heb fod â'm calon yn y gwaith, oherwydd gwyddwn y dadleuwn â gŵr gyda syniadau pendant ynghylch materion yn ymwneud â cheir. Un o'r rheiny oedd mai mater i garej oedd eu trin. Y canlyniad oedd inni gloncian ein ffordd yn boenus o araf i Glynnog, gryn bedair neu bum milltir i ffwrdd, y teiar yn prysur rwygo'n gareiau a blaen y car yn gwyro'n ddigamsyniol i'r chwith.

Syniad arall ganddo oedd, pan ddigwyddai damwain i'r car, mai'r peth doethaf i'w wneud oedd talu am y trwsio yn hytrach na gwneud cais ar i'r cwmni yswiriant ei dalu. Peth trafferthus iawn fyddai hynny, a sut bynnag nid oedd am golli ei fonws dihawliad. Ond beth am amlder y damweiniau, gofynnwn. Na, na, doedd hynny ddim yn codi. Setlo'r peth yn y fan a'r lle oedd y peth callaf i'w wneud. A challineb hefyd oedd prynu car newydd bob blwyddyn ar y sail, hyd y gallwn i gasglu, fod hynny'n osgoi'r drafferth a'r draul o fynd â char byth a hefyd i'w drin mewn garej.

At hynny, dros gyfnod eithaf hir, arferai brynu ceir newydd oddi wrth werthwr mewn pentref filltiroedd lawer i ffwrdd o'i gartref, er bod gwerthwyr llawn mor ddibynadwy, hyd yn oed yn ôl ei farn ei hun, bron iawn ar drothwy ei ddrws; roedd teyrngarwch i eraill yr ymwnâi'n fasnachol â nhw yn bwysicach iddo na hwylustod marchnata.

Esiampl o hynny oedd ei deyrngarwch i siop sglodion neilltuol oedd bedair neu bum milltir i ffwrdd o'i aelwyd. Yn ei olwg o, doedd dim siop yn y byd i'w chymharu â hi, ac yno yr âi yn ddi-feth i gyrchu ei chynnwys. Diamau bod hwnnw'n gampus ei ansawdd o fewn amser rhesymol i'w brynu, ond y gwir yw fod y sglodion a'r pysgod gryn dipyn yn fwy llipa a chlaear eu cyflwr erbyn cyrraedd y bwrdd yn 18 Minffordd. Sut bynnag, ni feiddiodd na Phyllis na minnau awgrymu hynny erioed. Oedd, roedd gan yr hen gyfaill resymau bob amser dros ymddwyn fel y gwnâi, ond rhesymau tra phersonol oedd rhai ohonynt. Dyna ran o'r anwyldeb a berthynai iddo.

Wedi'r profiad erchyll a gafodd John o fyw gan wybod mai'r farn feddygol oedd na fyddai ei gymar, Gwen, ei hun fyw ond am rhyw ddwy flynedd yn rhagor – gwybodaeth na rannodd â neb ar wahân i'r meddygon – fe'i collodd. Chwedl yntau, aeth cadernid a hawddgarwch tawel o'i fyd ym marwolaeth Gwen, a phan ofynnwyd iddo fynd draw i'r Hebryngfa ar Heol Casnewydd i'w henwi, ni allai wynebu hynny a gofynnodd i mi fynd yno yn ei le. Dichon mai dyna'r gymwynas fwyaf a wnes ag ef erioed. O hynny ymlaen gosododd bob gewyn ar waith i gynnal Ffion a Robin a rhoi iddyn nhw ganolfan gariadus, gadarn i'w bywyd. Dyna un o gampau mawr ei fywyd.

Meistrolodd y gwaith o gadw tŷ, ac wedi i'r plant fynd i'w ffyrdd eu hunain daeth yn giamstar ar edrych ar ei ôl ei hun a chadw'r drws yn agored i gymdogion a chyfeillion. Am flynyddoedd lawer, pan godai amgylchiad i mi fy hun neu i Phyllis a minnau ymweld â chyffiniau Eryri, hefo fo y byddem yn aros. Bûm yn Llanrug ugeiniau o weithiau yn seiadu'n frwd rhwng prydau o fwyta'n harti a chysgu'n gysurus. A seiadau oeddynt: rhannu profiadau, gobeithion, pryderon, breuddwydion, cyffesion, straeon, gwybodaeth am gynlluniau a chynllwynion, rhwystredigaethau a buddugoliaethau, delfrydau, ac ati; deunydd crai cyfeillgarwch, cydymddiried a chydweithredu. Daeth i'm hadnabod i fel cefn ei law a chredaf i minnau gael mynediad helaeth i'w fyd o, er fy mod yn sicr na threiddiais i bob congl ohono. O ran hynny, nid ymdrechais i wneud y fath beth. Synhwyrwn fod drws clo ar ei stafell ddirgel, a theimlwn reidrwydd arnaf i barchu'r terfynau.

Tra cawsai gymorth allanol i lanhau a chadw'r stafell fyw a'r llofftydd mewn trefn (mynnai'r hawl i gladdu ambell gadair o dan gruglwyth o bapurau newydd a chylchgronau), fo oedd brenin y gegin ac nid mater hawdd oedd rhoi help llaw iddo yno pan ganiateid i ddyn wneud hynny. Roedd i bopeth ei le ac ni allai oddef ichi roi'r menyn/te/bara – y trugareddau i gyd – yn eu holau yn unman ond yn eu lle gwreiddiol, a fo'n unig a benderfynai fod y cig/eog/cyw/chwadan/tatws/moron/pys/ffa yn barod i'w cario i'r bwrdd yn y stafell fyw. Yr unig gyfle a gawn i fy hun i loywi yn y gegin oedd pan ddeuai'n fater, fel y deuai weithiau ar fy nghyfer i, o ffrio cig moch. Am ryw reswm sy'n ddirgelwch llwyr i mi, mynnai fod gwneud hynny y tu hwnt i'w allu, a doedd dim amdani ond derbyn y peth fel ffaith.

Ei bennaf orchestion cogyddol oedd rhostio cig, cynnull haldiad o lobsgows, coginio eog wedi ei lapio mewn papur arian, a rhostio chwadan – a rhaid cyfaddef na welais ei well erioed am chwadan. Un amod yn unig oedd ganddo ar gyfer derbyn ymwelwyr, sef eu bod yn rhoi gwybod union hyd yr ymweliad. Hynny, meddai, er mwyn amrywio'r ciniawau. Bendith arno, amrywiadau ar yr un pedwar math ar ginio oedd y drefn, ond ches i erioed achos i gwyno am y drefn honno. Yr un oedd yr awydd i blesio o'i du o, yn ddieithriad, a phlesio a wnâi. Ac yr oedd, wrth gwrs, un danteithfwyd arall na chefais i na neb o'i gyfeillion erioed y cyfle i'w flasu. Ar gyfer y teuluoedd yng Nghaerdydd a

Chaergaint yn unig yr oedd y pwdinau Nadolig y bu cymaint o sôn amdanynt ar *Dros fy Sbectol.*

Am y rhan fwyaf o'i oes bu fyw ar gyflogau cymharol fychan (a rhai gwirioneddol fychan), ond gwellodd pethau erbyn rhan olaf ei gyfnod gweithiol a bu wrthi am beth amser yn ymhél â'r Farchnad Stoc, ond rhyw ymhél digon rhyfedd (a thra phersonol unwaith yn rhagor) a fu hynny. Gwnaeth rai buddsoddiadau ac yna bodlonodd ar gadw atynt, gan ei ddifyrru ei hun yn eu gwylio'n codi a gostwng mewn pris ar y teledu. Ymhen amser cymeradwy yn ei olwg rhoes y gorau i'r cyfan. Hoffai gymryd siawns ond gwnâi hynny bob amser o fewn terfynau, ac yr oedd y syniad o wneud arian er *mwyn* gwneud arian yn gwbl estron iddo. Yr un hoffter o siawnsio oedd tu ôl i'w ddiddordeb mewn rasys ceffylau, peth y deuthum i wybod amdano pan gefais y boddhad mawr o weithio dan ei adain am ryw flwyddyn a hanner yn swyddfa'r *Cymro* yng Nghroesoswallt. Gwn iddo lunio dwy system gyda'r bwriad o guro'r bwci – a methu! Ond yn nyfeisio'r system yr oedd y gwir ddiddordeb, ac mewn sylltau y deliai.

Gan gofio mai at Daniel Owen y troes John am ei enw newyddiadurol cynnar, cystal imi gloi trwy ddyfynnu pwt o gyngor a roes Wil Bryan i Rhys Lewis: 'Mae nhw yn deyd fod y *students* run fath â'i gilydd – fel lot o *postage stamps.* Treia fod yn *exception to the rule.'* Doedd dim rhaid i'm hen gyfaill ymdrechu i fod yn wahanol. Dichon y gwelir ei debyg: ni ddaw neb i lanw ei le.

'Fo'

6 Mawrth 1999

'Mistar Jôs, Mistar Jôs, ma' Fo a Fe yn Llangybi.' Un o'r plant a'i wynt yn ei ddwrn yn cyhoeddi'r newydd i Hugh D. Jones, prifathro clodwiw yr ysgol gynradd yn Eifionydd lle bûm innau'n ddisgybl. A'r rhyfeddod prin a lonnodd y bychan o'i weld ar amser cinio yn y pentre oedd rhan allweddol o'r rhaglen deledu Gymraeg fwyaf poblogaidd a fu, sef y 'Fo' yn *Fo a Fe* – Guto Roberts. Y pendant i'r eithaf, hoffus gymeriad a'i gymwynasau'n ymestyn o gymdeithas adfer cartref Kate Roberts i osod ar fideo achlysuron mawr a bach ei gymdeithas.

Roedd Guto yn un o hen deuluoedd Eifionydd, teulu Isallt Fawr yng nghesail moelydd unig Cwm Pennant, bellter byr o ffarm Tyddyn Mawr lle maged fy nhad. Ac fe fu yna sefydlogrwydd anarferol yn Eifionydd am ei bod gynt yn fro anhygyrch gyda'r môr yn cyrraedd Aberglaslyn – sefydlogrwydd na ddifrifol chwalwyd mohono hyd ail hanner y ganrif yma. O ganlyniad, yng nghyfrol Ceiri Griffith o achau teuluoedd Eifionydd, medrir gweld cymaint ohonom sy'n berthnasau ac, o graffu, gweld fy mod innau hefyd yn perthyn i Guto am i fy hen daid briodi merch o deulu Isallt Fawr, teulu y medrir cyfrif degau o feddygon yn rhan ohono. A'r enwocaf o'r rhai diweddar ydi'r llawfeddyg Owen Owen, y bu Guto Roberts yn gyfrifol am gyhoeddi *Doctor Pen y Bryn*, y gyfrol ardderchog o atgofion y meddyg poblogaidd sy'n mwynhau ei ymneilltuaeth yn Nhregarth.

Fe fu Eifionydd yn ffodus, nid yn unig yn ei beirdd ond hefyd yn yr awduron a ymddiddorodd yn hanes y fro rhwng môr a mynydd. Prin y ceir cwmwd yng Nghymru gyda hanes ei thiroedd a phob un wan jac o'i ffermydd wedi ei osod ar ddu a gwyn fel y gwnaeth Colin Gresham yn ei gyfrol fawr. A chymwynas olaf un Guto Roberts oedd cyhoeddi ei gyfrol *Eifionydd* y llynedd lle mae'n eich arwain trwy bob twll a chornel o'r fro, heb anghofio cartref yr un o'i henwogion, a phrofi pa mor gydnabyddus ydoedd â'r hanes a'r campweithiau a'r cyfraniadau.

Guto ei hun yn wir werinwr hunanddiwylliedig, ac ychydig iawn o'i debyg sydd ar ôl.

Rwy'n ei gofio yn y dyddiau pan oedd yn siopwr cyn iddo ddod yn enwog fel actor ar y radio a'r teledu, ac yn gyfarwydd â'i fawr ddiwylliant. Ac y mae'n amheus a oedd yna un Cymro byw a chyn gymaint o englynion ar ei gof. Ym Mhrifwyl gynta'r Bala fe'i heriwyd gan ddau a gredent eu bod yn gwybod mwy na neb o englynion, ond fe'u lloriwyd gan Guto, a oedd yn gryn englynwr ei hun.

Nid cydnabod oedd Guto i mi ond un o'm ffrindiau pennaf – sydd wedi mynd yn brin. Ac yn y blynyddoedd diwethaf mi gefais gyfle i ymddiddori mewn rhai o'i niferus ymchwiliadau. A diddorol tros ben fu ei ymchwil a gadarnhaodd y chwedl yn Eifionydd fod gan Robert ap Gwilym Ddu, awdur 'Mae'r gwaed a redodd ar y groes', blentyn siawns o forwyn fu yn ei gartref, ffarm y Betws Fawr ar gwr y Lôn Goed. Darganfu Guto ei henw a pherthnasau iddi, a'r ffaith ei bod wedi ymfudo i'r America. Bûm innau'n ddigon ffodus i fedru dweud wrtho fod darlun o'r ferch, hyd y dydd heddiw, yn crogi ar fur hen gapel Cymraeg Moriah yn Utica i goffáu ei chyfraniad wrth sefydlu'r achos a enwodd ar ôl capel Moriah, Caernarfon.

Cofio hefyd fy siwrnai olaf gyda Guto a Marian. Mynd y llynedd ar nos Sadwrn hafaidd i Feddgelert, a oedd yn orlawn o ddathlwyr y newydd i'r pentref gael ei ddyfarnu yr harddaf yng Nghymru. Mynd am dawelwch i'r fynwent lle mae bedd fy hendaid, ond beddau Parry-Williams a'r teulu a'n llygad-dynnodd. Pedwar bedd cyfagos teulu Syr Thomas yn wahanol i'r gweddill, a wynebai'n draddodiadol â thraed y meirwon at wynt y dwyrain – y pedwar yma'n wynebu'r ffordd arall. Pam? Bu pob ymchwil am ateb yn fethiant. Ac i goffáu Lady Amy wele ei henw priodol anadnabyddus, sef Emiah, gydag Amy rhwng cromfachau ar y garreg. Swnio fel enw Beiblaidd, ond dydi o ddim. Ei chwaer, Mrs Mary Llewelfryn Davies, yn egluro i mi fod Emiah yn enw teuluol ers cenedlaethau, ond Syr Thomas – ac Amy – wedi methu'n lân â darganfod ei darddiad. Un awgrym, ond dim prawf, mai enw a ddaeth o lwyth o Indiaid Cochion, o bopeth, oedd o.

Guto a Marian fu'n gyfrifol am gyhoeddi pum cyfrol o'r sgyrsiau yma a chyfrol o atgofion. Hen gyfaill a gollwyd ar wythnos ddu i minnau ar ddannedd ei saith deg pedwar, ond nad â'n angof – na'i hiwmor a gadwodd hyd y diwedd un.

John Roberts Williams, Dal i Sbecian dros fy Sbectol
(Gwasg Gwynedd, 1999)

Bu'r bererindod o bedwar ugain mlynedd yn rhy hir i mi fedru 'dweud yn iawn' am John. Parhaodd y gyfeillach a feithriniwyd ym Mhwllheli gynt wedi i mi briodi merch o Gaerdydd, a John yn gweithio yn y ddinas. Ailgydio wedyn pan ddaeth i aros at ei frawd, Llifon, uwch pentref Llanaelhaearn, ac yntau erbyn hyn yn Bennaeth y BBC ym Mangor. Yna, wedi ymddeol, galwai'r digyfnewid John acw yn Llithfaen pan âi i chwarae golff hefo'i gyfeillion ym Mhorthdinllaen, heb anghofio ein pererindod flynyddol i ŵyl bregethu gydenwadol Rhoshirwaun yn nhiriogaeth y pererinion.

Cawsom ein dau ddathlu ein pen-blwydd o fewn naw mlynedd i ganrif. Os byddai anghydfod ar ambell bwnc dadleuol, rhoddai daw arnaf gan ddweud ei fod ddau fis yn hŷn na mi!

Ioan Mai Evans

Y tro cyntaf i mi gyfarfod John oedd pan ymunais â'r *Cymro* yn gyw ohebydd pymtheg oed digon ofnus a nerfus. Ychydig a wyddwn bryd hynny y byddai'r bòs cyntaf yn dod yn gyfaill am oes. Ond felly y bu hi, a bu'n gyfaill triw a da, a hynod gefnogol. Fe gollasom gysylltiad am oddeutu deng mlynedd yn ystod y cyfnod pan weithiai John yng Nghaerdydd, ond fe ailddechreuodd y cyfeillgarwch pan symudodd i Fangor fel Pennaeth y BBC a mynd i fyw i Lanrug. Am yn agos i ddeng mlynedd ar hugain, arferai ddod am ginio bron bob wythnos i gartref fy ngwraig a minnau – weithiau ar ddydd Mawrth, dro arall ar ddydd Mercher – a phleser pur oedd cael rhoi'r byd yn ei le yng nghwmni ein gilydd, a chyfnewid hanesion a phrofiadau. Cawsom lawer o 'addysg bellach' trwy wrando arno yn trafod ac ymresymu ar bynciau dirifedi. Coleg o ddyn, yn wir, ac mae'r golled ar ei ôl yn boenus o hiraethus.

DAFYDD NORMAN JONES

Cyfarfûm gyntaf â John Roberts Williams tua 1962–3 wedi iddo ddod i fyw a gweithio yng Nghaerdydd, ac yntau'n gorfod bod yn dad ac yn fam i'w fab a'i ferch. Dyna egin cyfeillgarwch a fyddai'n parhau ac yn dyfnhau dros weddill ein hoes. Gwelais ef olaf yn Ysbyty Gwynedd bron ar derfyn eithaf y daith.

Byddem yn cwrdd yn aml pan oedd yn byw yng Nghaerdydd. Wedi iddo fynd yn ôl i Wynedd, byddai'n galw yma yn Lluest am sgwrs pan ddeuai i lawr i weld Robin a'i deulu, a chroesawem ninnau ef fel aelod o'n teulu. Rhwng yr ymweliadau, byddem ar y ffôn yn rheolaidd yn trafod datblygiadau'r wythnos ac yn ymgynghori. Bûm ar fy ennill yn fawr o'i sylwadau a'i gynghorion, oedd yn tynnu ar ei adnabyddiaeth o fywyd materol, diwylliannol a chrefyddol y Gymru Gymraeg trwy'r canrifoedd, a'i argyhoeddiad cywir fod y Gymraeg yn wynebu argyfwng ei bodolaeth. A chofiaf am byth am ei hynawsedd a'i gefnogaeth a'i deyrngarwch mewn dyddiau anodd. Braint oedd cael John yn un o'm cyfeillion pennaf am ddeugain mlynedd a rhagor.

GWILYM PRYS DAVIES

Roedd John yn gyfaill cywir iawn. Yn ystod y cyfnod yng Nghaerdydd pan oedd Merêd yn rhoi'r gorau i ddiota, un nos Sadwrn ro'n i'n ei weld o'n anesmwyth ac ro'n i'n poeni rhag ofn iddo fo gael y frwydr yn ormod iddo fo. Felly, heb yn wybod i Merêd, mi ffoniais John ac esbonio'r sefyllfa iddo. Mi ofynnis iddo fo ddod i'n tŷ ni fel petai o jyst wedi digwydd galw heibio. Roedd 'na ryw nam ar reiddiadur ei gar o ond mi ddaeth, gan stopio'r car bob chwarter milltir i ail-lenwi'r rheiddiadur. Mi arhosodd yn y tŷ a sgwrsio hefo Merêd tan hanner awr wedi deg. Erbyn hynny roedd y perygl wedi pasio, a John a'i gar yn gallu hercian yn ôl i'w gartref. Dyna ichi Samariad Trugarog yn wir.

PHYLLIS KINNEY

Roedd Harri [Gwynn] a minnau eisoes wedi cartrefu yn Llanrug pan ddaeth John yno i fyw yn dilyn ei ymddeoliad yn 1976. Bu Harri farw yn 1985, ac yn fuan wedyn torrais innau 'nghoes mewn damwain ym Mangor. Roedd yn rhaid i mi gael triniaeth ffisiotherapi am rai wythnosau ar ôl i'r goes asio, a dyna pryd y daeth John i'r adwy – hefo'i garedigrwydd arferol, cynigiodd fynd â fi i'r ysbyty yn wythnosol yn ei gar. Roedd gen i ofn braidd, oherwydd roedd ei yrru fo'n ddiarhebol o anturus, a dweud y lleiaf! Ond cafwyd sawl taith ddiogel, a minnau unwaith eto ag achos i ddiolch i John.

EIRWEN GWYNN

Gellir olrhain gwreiddiau'r gyfeillgarwch yn ôl i 1958 pan ddechreuodd Huw, y gŵr [Huw Williams, y cerddor] ysgrifennu colofn gerdd wythnosol i'r *Cymro* dan y teitl 'O fyd y gân'.

Ar ein haelwyd ym Mangor rai blynyddoedd yn ddiweddarach cawsom ei gwmni cyson, a'r seiadau'n felys islaw cymylau mwg y Player's. Trafodid *Y Casglwr*, byd darlledu a phob agwedd ar orffennol a phresennol y genedl – gyda John weithiau'n taranu, dro arall yn dawel a dwys. Gallai fod yn hynod swil, a rhaid oedd ei hebrwng i gyfarfod cyhoeddus ac angladd rhag iddo fod ar ei ben ei hun.

Rhaid sôn am John y gyrrwr! Soniai Huw am flynyddoedd am un daith fythgofiadwy i Gaerdydd: I. B. Griffith ac yntau yn dweud eu paderau yn sedd ôl y car, a John a Ioan Mai yn dadlau'n chwyrn yn y tu blaen tra oedd John yn goddiweddyd ar gornel. 'Dwi'm yn licio dim byd o 'mlaen i' oedd athroniaeth y gyrrwr!

Diolch am y cwmnïwr da, a'r cyfaill cywir a ffyddlon.

OLWEN WILLIAMS

Cawsom fel teulu'r fraint o fod yn gymdogion i'r annwyl John Roberts Williams am bron i naw mlynedd ar hugain, ac fel 'Yncl Williams' yr adnabyddid ef gan ein dwy ferch a phlant eraill Stad Minffordd, Llanrug. Bob blwyddyn yn ddi-ffael byddai'r wyau Pasg yn cyrraedd acw, a phan fyddai gan y merched ryw broblem ieithyddol wrth wneud eu gwaith cartref, pa well athro na'r athrylith geiriau a oedd yn byw y drws nesa?

Fe'i cofiwn o fel dyn distaw, diymhongar, na fyddai byth yn codi ei lais, ac fel dyn â chalon fawr a oedd bob amser yn barod i helpu unrhyw un a fyddai mewn trybini. Ond, wrth edrych yn ôl, fe wela i hefyd ddyn direidus yn gafael yn y fforch arddio wrth basio'n gardd ffrynt ni, a finnau'n chwys diferol yn ceisio garddio ar ddiwrnod poeth o haf, ac yn deud â gwên fach ar ei wyneb, 'Wel, Mrs Humphreys, beth am chw'nnu tipyn ar *fama* hefyd?' Byddai'n hoffi cael cwmpeini ambell noson, a galwai ar Gwynfor, y gŵr, i fynd ato i weld gêm bêl-droed dros baned o de a bisged; yn ôl Gwynfor, y 'dyn distaw' fyddai'r uchaf ei gloch bryd hynny pan sgorid gôl go arbennig!

Cadwodd ei annibyniaeth hyd y diwedd ac roeddem yn ei barchu o'r herwydd, er yn flin hefo fo ar adegau am wrthod help. Pan ddaeth y diwedd, teimlem ein bod wedi colli nid yn unig gymydog arbennig iawn ond hefyd ffrind mynwesol a didwyll.

MAIR HUMPHREYS

'Ydi Mistyr Wyddfa i mewn?' Dyna fyddai cyfarchiad ein cymydog, John Roberts Williams, i mi neu i Carys, y wraig, bob tro y deuai acw i Gwên y Wawr, Llanrug – yn aml wrth ddanfon *Y Casglwr* inni. Wedi dotio roedd o ryw dro pan adroddais iddo hanes cael fy 'medyddio' gan un o hogia Ysgol Maesincla, Caernarfon, lle'r oeddwn yn warden y Ganolfan Athrawon. 'Dwi'n gw'bod be 'di'ch enw chi,' meddai'r un mentrus hwnnw wrtha i, 'dwi 'di'ch gweld chi ar telifisiyn, ia.' 'O, a be 'di f'enw i, felly?' meddwn inna. 'Mistyr Wyddfa, ia!' (Wedi 'ngweld i'n ei morio hi efo Hogia'r Wyddfa yr oedd 'rhen hogyn, wrth gwrs!) Chwarddodd John pan glywodd yr hanesyn am y tro cyntaf. Dyna'r math o hiwmor a apeliai ato – hiwmor difeddwl-drwg, slic ac anghonfensiynol, a gora oll os mai Cofi fyddai'n saethu'r bwledi.

Cofiaf ryw ddeuddydd ar ôl y Nadolig yn nechrau'r wythdegau, a'r ddau ohonom yn cyrraedd y biniau sbwriel gyda'n gilydd: John yn wyn fel y galchen a finnau fawr gwell. 'Wedi bod hefo'r ffliw, achan, ac wedi methu b'yta'r tyrci!' meddai John mewn llais gwantan. 'Choeliwch chi byth, John,' meddwn innau, 'dyna'r union beth sydd gen i yn mynd i'r bìn – yn anffodus roedd hwn yn ddrwg.' 'Pam na fasat ti wedi galw? Fasat ti 'di cael hwn gen i, a'r ffliw i fynd hefo fo!'

Cyfrifwn hi'n fraint ei gael fel cymydog. Fyddai'n ddim iddo fod acw'n sgwrsio am ddwyawr, a'r anorac yn dal amdano: sgwrsio am amrywiol bethau, o hen fapiau a phrintiadau i bêl-droed a chriced, gan adael ein haelwyd ninnau'n ddiwylliedig gyfoethocach.

ARWEL JONES

Roedd John yn gyfaill da, ac mae'n chwith mawr ar ei ôl. Wrth gwrs, fel y mwyafrif ohonom, meddai ar dymer cyfnewidiol, a sawl tro o'i ffonio cefais flas o hynny, yn enwedig os digwyddai i mi ei alw ac yntau'n darparu pryd o fwyd.

'Sut wyt ti, John?'

'Pam? Ydi *raid* i chdi ffonio pan ydw i ar hannar gneud lobsgows?'

Do, bu'r ffôn yn foddion cyswllt rhwng John a minnau droeon. Amser cinio bob dydd Llun fe'i ffoniwn a dweud dim ond tri gair yn unig (gan yr anghofiai roi'r radio ymlaen i glywed ei gyfaill):

'Cofia Gwilym Owen.'

'Diolch 'fawr . . .'

Ac yn wir, ar y ffôn y bu'r sgwrs olaf rhyngddom. Ffoniodd ar fore Sadwrn, a gofyn i mi ddod â neges iddo o Gaernarfon, ond canfyddais, wedi ei holi, iddo fod yn wael yn ystod y nos. Nid oedd yn fodlon i mi alw'r meddyg, ond anwybyddu hynny wnes i ac o fewn yr awr roedd John yn yr ysbyty, a'r filltir olaf heb fod ymhell.

ROL WILLIAMS

Mewn caffi ym Mhorthmadog, cefais gwmni dwy wraig leol. Wedi'r ''Dach chi ddim o fforma?' a'r 'Yma am chydig ddyddia 'dach chi?', dywedais fy mod ar fy ffordd adre o gynhebrwng John Roberts Williams. 'Tewch!' meddai'r wraig. 'Mi fydda fo'n galw yn Bwlchderwin acw ar ei ffordd adra bob tro i brynu llaeth enwyn – roedd o'n taeru ei fod yn gwneud lles mawr iddo, ac na fyddai byw hebddo. Mi fyddwn i'n ofni yn aml nad oedd ceg y piser wedi'i gau yn sownd, ac y byddai'r llaeth yn colli dros ei gar. "Mrs Hughes bach," fyddai ei atab, "cholla i 'run mymryn. Dim mymryn." '

Gwyddwn innau am ffydd John yn y llaeth gan i mi, yn fy niniweidrwydd, ddweud wrtho un tro (er mwyn arbed y drafferth iddo o'i gario bob cam), 'Ma'n nhw'n gweud y gallwch chi brynu lla'th enwyn yn Howells nawr.' Os do fe! Oerodd ei lygaid, tynhaodd ei geg a'i ên. 'Hm,' meddai, a'i geg yn gam, 'dydi o ddim *tebyg* i laeth Eifionydd!'

MARY WILIAM

222